英語学モノグラフシリーズ 5

原口庄輔／中島平三／中村　捷／河上誓作　編

叙述と修飾

岸本　秀樹　著
菊地　朗

研　究　社

まえがき

　1つの節（clause）が主語と述部（predicate）から成り立っていることからすると，述部の果たす叙述（predication）という働きは，文構成のうえで不可欠であり，文の中核をなしているものと思われる．それに対して，本書のもう一方のテーマである修飾（modification）は，動詞句を修飾する副詞の例からもうかがえるように，文構成のうえで随意的であり，文の周辺部に現れるように思われる．叙述と修飾は，義務的と随意的，中核部と周辺部という具合に対照的なように思われがちであるが，実は叙述は文の周辺部でも成り立ち，逆に修飾は中核部の要素内でも成り立つ．どちらも文のさまざまなところに見られ，多様な種類がある．叙述も修飾も，文の構成を豊かにし，意味内容を多彩かつ精密にする重要な役割を果たしている．

　叙述と修飾は文法研究にとって馴染みの深いテーマであり，古来多くの関心が向けられてきた．だが，叙述および修飾の文中における分布，種類，成立条件，内部構成などは，たとえば名詞句や動詞句などの統語範疇や，主語や目的語などの文法関係のそれらに比べると，まだよく解明されていない点が多々ある．

　たとえば叙述の中で最も一般的なのは，節の主語に対する述部の働きをする，時制を含んだ動詞句である．だが叙述には，時制を含んでいない場合もあれば，形容詞句や名詞句，前置詞句などの場合もある．なぜこれらの範疇が，いずれも叙述として働くのか．これらの範疇を包括する叙述全般の構造は，どのようになっているのか．叙述全般が成立するには，どのような条件を満たさなければならないのだろうか．こうした問題を考えるうえで，生成文法で明らかにされてきた内項・外項とか構成素統御（c-command）などという，それまでの文法研究とは異なる視点や概念が有効

である．本書では，叙述および修飾についてなるべく包括的に取り上げることを目指している．叙述に関しては，時制を含んだ節における一次叙述のほかに，小節および with 節における一次叙述，描写の二次叙述，結果の二次叙述(結果構文)などを取り上げる．また修飾に関しては，形容詞による修飾，副詞による修飾，関係節，副詞節，程度節などの修飾表現を取り上げる．多種多様な叙述および修飾について，その成立条件や内部構造，意味や機能などを明らかにしていく．

　第 I 部「叙述」は岸本秀樹が，第 II 部「修飾」は菊地朗がそれぞれ担当している．執筆に取り掛かってから，「修飾」の部の執筆には諸般の理由により，予想以上の歳月を要した．そのために，本シリーズの直近の刊行から 3 年以上が経てしまい，シリーズの完結に長い歳月を要する結果となり，読者の皆様および関係者に深くお詫びを申し上げる．

　2008 年 9 月

編　　者

目　次

まえがき　iii

第 I 部　叙　　述

第 1 章　一次叙述 ———————————————— 3
- 1.1　叙述の概念と形式　3
- 1.2　叙述関係を規定する構成素　5
- 1.3　叙述関係の認可　11
- 1.4　動詞句内主語仮説と分離自動詞句仮説　17
- 1.5　一次叙述と小節　33
- 1.6　コピュラ文の叙述　44
- 1.7　ま　と　め　55

第 2 章　二次叙述 ———————————————— 57
- 2.1　二次叙述の分類　57
- 2.2　主語指向性二次述語と目的語指向性二次述語　58
- 2.3　結　果　述　語　72
- 2.4　ま　と　め　86

ま　と　め ———————————————— 88

第 II 部 修　　飾

第 3 章　修飾の一般的特徴 —————————————— 93
3.1　修飾とは　93
3.2　形容詞による修飾　97
3.2.1　形容詞修飾の構造　97
3.2.2　主要部末尾フィルター　99
3.2.3　後位修飾　106
3.2.4　形容詞修飾の意味解釈　107
3.3　副詞の分布と解釈　113
3.3.1　副詞の分類　113
3.3.2　副詞の生起位置　115
3.4　まとめ　120

第 4 章　関　係　節 —————————————————— 121
4.1　関係節の種類　121
4.2　制限的関係節　123
4.2.1　制限的関係節の統語構造　123
4.2.2　制限的関係節の意味解釈　129
4.2.3　後位修飾　133
4.2.4　関係副詞　134
4.2.5　不定詞関係節　137
4.3　非制限的関係節　142
4.4　自由関係節　146
4.5　量的関係節　150
4.6　照合分析と上昇分析　154
4.7　まとめ　158

目　　次　vii

第5章　副　詞　節 ——————————————— 159
- 5.1　副詞節の分布　159
- 5.2　理　由　節　162
- 5.3　条　件　節　163
  - 5.3.1　条件節の種類　163
  - 5.3.2　then　166
  - 5.3.3　主語・助動詞倒置による条件節　171
  - 5.3.4　条件の意味を表す等位接続文　173
- 5.4　譲　歩　節　176
- 5.5　分　詞　構　文　179
  - 5.5.1　分詞構文の構造　179
  - 5.5.2　分詞構文の意味解釈　182
- 5.6　ま　と　め　187

第6章　程　度　節 ——————————————— 188
- 6.1　比較構造の種類　188
- 6.2　比較構文の統語構造　191
  - 6.2.1　程度詞句の構造　191
  - 6.2.2　比較削除と比較部分削除　194
- 6.3　意味解釈に関わる諸問題　200
  - 6.3.1　最大化演算子　200
  - 6.3.2　比較と作用域　202
  - 6.3.3　比較と形容詞の語彙的意味　203
- 6.4　その他の程度表現　205
  - 6.4.1　最上級構文　205
  - 6.4.2　比較級相関節　207
- 6.5　ま　と　め　210

参考文献　211

索　　引　225

第 I 部

叙　　述

第1章　一　次　叙　述

1.1　叙述の概念と形式

　平叙文（declarative sentence）は，（主語を含む）主部と（述語を含む）述部から構成される．英語の場合，（緊急時に発話されるような Help! や Fire! のような1語文や，主語が必ずしも表出されない命令文などを除けば）文は常に主部（subject）と述部（predicate）とからなると分析することができる．たとえば，(1)のような文においては，下線部のように主部と述部に分けることができる．

(1) a. <u>John</u> <u>wants a cheeseburger</u>.
　　　　主部　　　述部
　　b. <u>That man</u> <u>works seven days a week</u>.
　　　　主部　　　　述部

　叙述関係（subject-predicate relation）は，文中での（主語を含む）主部と（述語を含む）述部とが結ぶ関係を指す（以下の議論では埋め込み・修飾要素などについてはあまり考慮せず，[XP$_{subject}$ + YP$_{predicate}$]の連鎖における XP と YP の関係について考察するので，これからは単に主語，述語として言及することにする）．述語は，主語に関して何らかの出来事や状態を記述する機能を持つ．そして，主語は，述語によって叙述される対象となる要素ということになる．

　叙述（predication）が意味的な関係であるのか統語的な関係であるのかに関しては意見が分かれるが，本論では，Williams (1980) や Rothstein

(1983, 2001) などの考えに従い，叙述関係はある種の統語的な関係により成立すると考える．統語的な叙述関係は，完全な命題 (proposition) を作るために項 (argument) を1つ要求する述語と，それを満たす項としての役割を果たす主語の間に結ばれるものである．(主語と述語からなる) 命題については，哲学者のアリストテレス以来，哲学において古くから議論されているが，本章での焦点は，哲学的な観点からの命題についての検討ではなく，英語のデータに基づく，言語学的な観点から見た叙述関係を検討することにある．

叙述関係は，(1) のような単文に現れる関係に限られるわけではない．Williams (1980) は，以下のような文を叙述関係の例としてあげている．

(2)　a.　*John* is *sad*.
　　　　b.　John ate *the meat raw*.
　　　　c.　*John* ate the meat *nude*.
　　　　d.　John made *Bill mad*.

(2) においては，斜字体で示された形容詞が同じく斜字体で示された名詞句の性質を記述しており，この2つの要素がいわゆる叙述関係を結ぶものと考えられる．たとえば，(2a) においては，John が述語 sad の主語として働き，(2b) では，the meat が述語 raw の主語 (であると同時に ate の目的語) として働いている．

叙述関係は，単一のクラスをなすのではなく，大きく分けて，一次叙述 (primary predication) と二次叙述 (secondary predication) の2つのクラスからなる．(2a) のように，述語の叙述する要素 (主語) が他の述語から意味役割を受けていない場合，この述語は文の必須要素となり，通常，これらの要素は一次叙述を構成していると考えられる．これに対して，二次的な叙述を形成する述語は，(2b) のように，他の述語から意味役割を与えられた要素に対して，副次的な (あるいは付加的な) 叙述を行なう．二次述語は，時制要素を伴って現れることはなく，すでに意味役割を持つ要素に対して追加的な叙述を行なうので，通常，統語的には随意的要素とみなされる．当然のことながら，このような規準で (2) の例を分類するとす

れば，(2a) と (2d) は一次叙述の例であり，(2b) と (2c) は二次叙述の例ということになる．本章では，特に一次叙述の特色およびその統語形式を詳しく検討していくことになる．

1.2 叙述関係を規定する構成素

　叙述関係を認定する際には，まず，どのような要素が(述語から叙述を受ける)主語として機能するか，あるいは，(主語に対して叙述を行なう)述語として機能するかということが問題となる．述語として働くことができる範疇に関しては，Williams (1980), Heycock (1991), Rothstein (1983, 2001) など多くの研究者が，外部に項(主語)を要求するものであればどのようなものであってもよく，基本的に，範疇の最大投射 (maximal projection) XP が述語として機能できるとしている．ただし，述語要素の定義は，どのような理論を仮定するかによっても変わってくる可能性がある．実際，Williams (1980) や Rothstein (2001) は，範疇の最大投射 XP 以外にも述語として働く場合があると主張しており，すべてのケースで上の定義が当てはまるわけではない．また，叙述の投射を仮定する Bowers (1993, 1997) のような理論を採用すれば，ある要素が述語として働くには，その上位に述語機能を与える投射がなければならないということになる．

　述語要素は，主語を意味的に規定できる実質的な意味を持つ要素でなければならず，多くの場合，語彙範疇 (lexical category) の最大投射であると考えられるが，ある種の機能範疇 (functional category) の最大投射も述語のクラスに含まれることになる．最大投射をなす範疇の中で述語として働く最も基本的なものは，動詞句 (Verb Phrase: VP) と形容詞句 (Adjective Phrase: AP) である．

(3) a. John considered Mary *sick*.
　　b. Bill made Mary *feel very happy*.
　　c. Mary *walked*.

(3)の斜字体で示されている要素は，その外部にある項の Mary の状況や

状態を記述しており，この項に対する叙述要素(述語)として機能している．形容詞や動詞の基本的な機能が，外界の出来事や状態を叙述することであることを考えれば，動詞句や形容詞句が最も典型的に述語要素として働くのは，当然のことであると考えられる．

　前置詞句 (Prepositional Phrase: PP) も，(4)のような場合には，外部に項を要求する述語要素として機能する．

(4) a. I do not consider Mary *out of mind*.
b. I expected the man *off the ship*.

(4a)の場合には，out of mind が Mary と，(4b)では，off the ship が the man と叙述関係を持ち，Mary や the man に対してこれらの前置詞句がある種の事態(あるいは属性・性質)を記述している．このような場合は，以下で議論するように，上位にある動詞 consider や expect が Mary や the man の性質を記述しているわけではないので，前置詞句が述語として働いていると考えられる．しかし，(5)のような場合には，前置詞句と(文の)主語との間に叙述関係を認めるかどうか，かなり微妙になってくる．

(5) a. The children played *in the park*.
b. They arrived *on time*.
c. Mary put the dishes *in the cupboard*.
d. Mary gave the papers *to Tom*.

(5)の前置詞句は，出来事の位置や時間を指定していることになり，ある種の関係を記述している．文の中で相対的な関係を記述する前置詞句は，意味的に，何かしらの要素を外的に要求すると考えられる．そうすると，理論的には主語と叙述関係を持つと分析することが可能である(なお，(5c)(5d)のような例が叙述関係を持つと考えられるような証拠については，以下でも議論することになる)．

　名詞句も，述語として働くことが可能である．名詞句には，英語において通常，名詞要素 (noun) とともに決定詞 (determiner) が現れる．DP 仮説 (DP Hypothesis) に従えば，名詞句は，NP の上位に DP が投射する

決定詞句 (Determiner Phrase: DP) を構成することになる (Abney 1987)．英語において，DP の投射を持たない NP が文中に現れる環境はそれほど多くないと考えられるが，NP が単独で現れた場合に，(6) のように，述語的に用いることができる (Stowell 1989, 1991)．

(6)　a.　They elected Nixon *president*.
　　　b.　They made Mary *chair of the department*.

(6) のような場合には，斜字体で示された NP が外部に項を要求し，述語として働いている．DP まで投射する名詞句は，外部に項を要求しないことが多い．したがって，DP は，最も典型的には項として働くと考えられる．しかしながら，(7) のように，DP もやはり項を外部に要求する述語として機能することがある．

(7)　a.　I consider John *a genius*.
　　　b.　They believed him *the winner*.
　　　c.　I consider John *my friend*.

(7) では，斜字体で示された DP が，その直前に現れる名詞句と叙述関係を結んでいる．DP は，決定詞要素の最大投射であり，語彙範疇でなく機能範疇に属すると考えられるが，(7) のように，述語として使用できることがあるのである．ただし，Rothstein (2001) が指摘しているように，DP が述語として働く場合には，DP の主要部に現れる決定詞に一定の制限があり，決定詞の種類によっては，DP が述語として働くことができない．

(8)　a.　**They believed John and Mary every friend.
　　　b.　??I believe the mayor John.
　　　c.　?I thought the guests many friends of hers.
　　　d.　　They believed her the best lawyer in town.

Rothstein (2001) によると，述語として機能する DP には，一般に不定の決定詞 (indefinite determiner) を伴うことが多いが，the のような定冠

詞が現れることもある．また，every などの強数量詞（strong quantifier）を含む DP は (8a) のように述語としては現れないが，弱数量詞（weak quantifier）を含む DP は，たとえば，(8c) のように，述語名詞の決定詞要素として現れることもある（Stowell (1989, 1991) 参照）．

不定詞節や定形節を含む節（CP）は，それ自体で完全な命題を表すので，最も典型的には，項として働く．

(9) a. I knew that Mary would be late.
　　 b. I prefer for John to come here.
　　 c. For you to arrive late would be unfortunate.

しかし，以下のような例においては，節が be 動詞とともに現れる（be 動詞の補語として現れる）ことによって，述語の一種として働いていると考えてよいであろう．

(10) a. The problem was that John arrived late.
　　　b. The plan is for you to leave.

そのままでは項を要求しない節が (10) のように述語として働く場合は，常に be 動詞と共起する必要がある．そのために，それ自体で述語として働くことの多い形容詞句や前置詞句とは異なり，節は be 動詞を持たない小節（small clause）中の述語位置に起こることはない．

(11) a. *I consider the problem that John arrived late.
　　　b. I consider the problem to be that John arrived late.

完全な命題を作る節が述語として働く場合に，be 動詞の存在が必要になるのは，be 動詞が節を述語に変える働きを担っているためである（Rothstein 2001; Williams 1980）．完結した命題を表す節自体は，通常，それ以上項を要求しない命題となる．しかし，節が be 動詞とともに現れると名詞的な述語となり，項を要求することができるのである．(10) のような be 動詞の補部に現れる節は，述語として機能するために，節を項に変換する一種の演算子（operator: Op）としての be 動詞が必要になるので

ある．(11a)の非文法性は，完結した命題を持つ節が本来的には項として働かないという性質が反映していることになる．

なお，Browning (1987) などが議論しているように，節が完全な命題をなさず，命題が完結するために外部に項を要求すると考えられる場合は，節は be 動詞が介在しなくても述語的に働くことができる．

(12) a. I found a book *for you to read*.
b. The man *who you spoke to* was innocent.
c. John bought Bill a new toy *to play with*.

(12)の斜字体で示されている関係節および不定詞節は，CP の投射を持っていると考えられ，節内に空所があるという特徴がある．この空所に対しては，先行詞が指定されなければならず，そのために，外部に項が要求されることになる．Williams (1980) の枠組みでは，このような節 (CP) と先行詞の関係が，叙述関係の一種として扱われることになる．ただし，Napoli (1989) の考え方では，(12)のような関係節や不定詞節に先行詞が必要となるのは，先行詞を要求する演算子が節内に存在するためであって，節 (CP) 自体が直接的に項を要求しているわけではないということになる．

次に，主語として機能することができる要素について目を向けることにする．基本的に主語として働く要素は，項を要求しない範疇でなければならない．したがって最も典型的には，(固有名詞や代名詞も含む) DP が主語として機能する．

(13) a. *That man* stayed in the hotel last night.
b. *John* met the girl.

名詞的な要素は，基本的に主語として働きうる性質を持つ．そして，定形節 (clause)・動名詞 (gerund)・不定詞 (infinitive) のような動詞を名詞化した要素も，項として働くことができる．

(14) a. *That John came late* was surprising to me.
b. *Being at work late* annoys John.

c. *To open the door with this key* was very difficult.

形容詞句や動詞句は，通常，主語を要求する述語として働き，主語そのものとしては働かない．したがって，そのような要素が主語位置に現れている (15a) や (15b) のような文は非文となる．

　(15)　a. **Sincere* delighted my girlfriend.
　　　　b. **Work late at night* annoys John.

もちろん，動詞が表す意味と同じような意味的な内容を表す要素でも，名詞化などが起こり名詞的な要素となれば，(16) のように，主語位置に現れても何の問題もない．

　(16)　a. *Sincerity* delighted my girlfriend.
　　　　b. *Working late at night* annoys John.

　通常は，動詞句や形容詞句は文の主語位置に現れないものの，主語位置にそのような要素が現れる構文がある．その典型的なものが，以下のような擬似分裂文 (pseudo-cleft sentence) やコピュラ文 (copular sentence) である (Higgins 1973)．

　(17)　a. Proud of his daughters is what he is.
　　　　b. ?Cut his finger was what he then did.
　　　　c. Sincere is a good thing to be.
　　　　d. However you look at it, dishonest is dishonest.

Heycock and Kroch (1999) が指摘しているように，このようなタイプの文は，be 動詞が介在することにより be 動詞の前後の要素が結ばれることになる一種の等価構文 (equative construction) である．(17a) や (17b) のような文の場合には，動詞の前後の要素を入れ替えることもできる．

　(18)　a. What he is is proud of his daughters.
　　　　b. What he then did was cut his finger.

なお，be 動詞が使用される文でも，通常の倒置が起こった文においては，

異なる振る舞いが観察される．たとえば，(19a) の文の be 動詞の前後の要素を入れ替えた (19b) は，非文となる．

(19) a. John is proud of his daughters.
b. *Proud of his daughters is John.

Higgins (1973) は (17a) や (17b) のような文を，倒置された擬似分裂文と考えている．このような考え方では，be 動詞の前に現れる要素は，述語ということになる．しかし，(17a) のような文においては，主語・助動詞倒置 (subject-auxiliary inversion) や主語上昇 (subject raising) のような，統語上の主語が関与する統語操作が可能なことなどから，proud of his daughters は，少なくとも統語的には主語として機能していることがわかるであろう．

(20) a. Is proud of his daughter what he is?
b. Proud of his daughters seems to be what he is.

(17a) や (17b) のような文をどのように分析するかについては，以下でも議論することになるが，Rothstein (2001) では，主節の be 動詞の左側にある要素は，述語のタイプを名詞のタイプに変えるタイプシフト (type shifting) の結果 (つまり，述語を名詞の位置に起こることができるような範疇に変える操作の結果)，述語が主語位置に現れることができるようになると分析している．ここでは，このような構文に対してどのような分析をするべきかについては議論しない．しかし，これらの構文はかなり特殊な制限・分布を示し，形容詞句や動詞句が項として機能するための条件・環境がきわめて限られていることは明らかであろう．

1.3 叙述関係の認可

生成文法では，一般に，動詞が与えることができる意味役割 (θ-role) の数によって，文に現れる項の数が決まると考えられている．このような枠組みでは，主語の生起に関する制約も，意味役割によって規定されることになる．そうすると，ここで考えている統語的な叙述関係も，意味役割の

12　第 I 部　叙　　述

付与によって規定される可能性もある．実際，Williams（1980, 1983a, 1987）は，叙述関係――最も典型的には外項（external argument）――の認可を意味役割との関連で規定している．しかしながら，Rothstein（2001）のように，統語的な叙述関係の成立には，意味役割の付与とは独立の条件が課せられており，叙述関係を意味役割の付与に関する制限として捉えることはできないと考える研究者もいる．

　統語的な叙述関係は，意味役割の付与との関連から見ると，次の4つの環境で成立すると考えられる（ただし，これは以下で考察するような動詞句内主語仮説（VP-internal Subject Hypothesis）を採らない場合の議論となる）．（A）主語に意味役割が付与される位置が，表面上の位置と同じ場合，（B）主語に意味役割が付与される位置が，表面上の位置と異なる場合，（C）主語が虚辞（expletive）の場合（意味役割が与えられない虚辞が現れる場合），（D）主語に直接与えられる意味役割はないが，主語位置に虚辞でない通常の名詞句主語が現れる場合，である．Rothestein（2001）は，特に（B）（C）（D）のケースを考えることにより，叙述関係が意味役割の付与のメカニズムとは独立の条件から起こっていると議論している．以下では，叙述と意味役割の付与の関係について，少し詳しく検討し，叙述関係の認可条件について考えていくことにする．

　まず，最も典型的な叙述関係が関与する（A）の例は，以下のような文において観察される．

(21)　a.　Mary *ate* the carrots.
　　　b.　They consider [John *foolish*].

(21a) の例においては，文主語の Mary に eat を含む動詞句から，動作主（agent）の意味役割が与えられる（ここでは，外項の意味役割は，それを持つ述語（X^0）そのものではなく，述語句（XP）から間接的に与えられるという，Marantz（1984）の考え方を採る）．また，(21b) の例においては，小節内の主語 John が foolish を含む形容詞句から意味役割を受け，they は consider を含む動詞句から意味役割を受けることになる．（なお，(21b) は小節の構造をとるので，John を認可する格（対格）は主節の動詞 consider

から与えられる．）(21a)では，eatを含む動詞句から動作主の意味役割が与えられる名詞句がeatの主語となり，(21b)では，foolishを含む形容詞句から主題の意味役割を与えられる名詞句がfoolishの意味上の主語となる．この点においては，統語的な叙述関係の認可と意味役割の付与による主語の認可には，相関関係があるように見える．

しかしながら，(B)の場合を考えると，叙述関係を意味役割の付与によってのみ規定できないということがわかる．たとえば，(22)のような文の場合には，動詞句から外項の意味役割を受けていないが，名詞句の移動が起こり，主語位置に語彙的な主語が現れる．

(22) a. Mary$_i$ was haunted t_i by a ghost.
      b. John$_i$ is admired t_i by his students.
      c. Mary$_i$ seems [t_i to like the ghost].
      d. John$_i$ is likely [t_i to come late].

(22)のような場合には，文法関係がどう決まるのかに関しては，理論により違いが出てくるが，ここではWilliams (1980, 1987)やRothstein (2001)が考えるように，（受身や主語上昇のような派生が関与しない）主語は，主語位置（時制句（Tense Phrase: TP）の指定部）に基底生成されると考える理論を仮定しておく．そのような理論においては，受身や上昇述語が関与する(22)のような文の場合，主語名詞句は，動詞句内部の目的語位置あるいは埋め込み節（embedded clause）の中で意味役割を受け，その後，主語位置に上昇したことになる．つまり，主語は，主節の主語位置（主節のTPの指定部）に基底生成されて主節の動詞句（VP）から意味役割を与えられているのではないのである．

しかし，(22)のような場合でも，名詞句の移動によって派生された主語と述語部分で叙述関係が成立する．(22)で見られる叙述関係は，動詞句が意味役割を主語位置にある名詞句に与えるわけではないので，意味役割の付与によって主節の主語と述語の叙述関係が規定されるのではないことになる（ただし，名詞句移動が関与する叙述関係の認可についてのこれとは異なる見方は，Williams (1983a, 1987)において議論されている）．な

お，(22)のような場合には，節に主語がなければならないという拡大投射原理（Extended Projection Principle: EPP）の要請によって，主語が主節の主語位置に現れていると考えられるが，これが叙述関係とは独立の関係であるということは，以下でも議論することになる．

述語によって主語に意味役割が与えられていないとする(B)に当てはまるもう1つのケースとしては，節が述語として働く場合（CP述語（CP-predicate）と呼ばれる）が考えられる．

(23) a. I bought a book$_i$ [Op$_i$ for you to read t_i].
b. The man$_i$ [who$_i$ you spoke to t_i].
c. This book$_i$ is [Op$_i$ for you to read t_i].

(23)のようなCP述語は，CPの指定部に位置する演算子要素（Opやwho）が外部に項を要求するために，先行詞とCP述語との間で叙述関係が成り立っている．当然のことながら，CP述語の主語として機能する先行詞は，述語によって意味役割を与えられているのではなく，演算子要素と同一指示を持つことによって認可される．したがって，このような叙述関係は，意味役割の付与のメカニズムによって規定はできず，たとえば，Browning (1987)が分析しているように，先行詞を空所につなぐ「一致の連鎖」(agreement chain)を規定して，CP述語の外部に現れる項の認可の条件を捉える必要が出てくる（ただし，Williams (1987)の理論では，このようなCPも外項の意味役割（R-role）を持っているということになる）．なお，Napoli (1989)が主張するように，この種の関係は，厳密には叙述関係によってではなく，先行詞を必要とする照応関係によって，項の認可が行なわれると考えることもできる．したがって，この関係を叙述ではないとする考え方では，叙述関係が述語の意味役割の付与と関係しないという議論はできないことになる．

意味役割の付与が関係しないもう1つのタイプの叙述関係は，(C)のケースで，主語の位置に意味役割を持たない虚辞の現れる(24)のような例が典型的なものである．

(24) a. It turns out that John won the race.

b. It is unlikely that we'll arrive on time.
　　　c. It seems that John have already arrived.

(24) のような例では，文の意味に寄与しない虚辞の代名詞 it が主語位置に現れているので，当然のことながら，主節の叙述関係に意味役割は関与していないことになる．ここで現れている虚辞は，文法的に主語として機能しているので，(25) のような埋め込み文中に現れることも可能である．

(25)　a. I believe it to have turned out that John won the race.
　　　b. I consider it unlikely that we'll arrive on time.
　　　c. They made it seem that John had already arrived.

Rothstein (2001) は (26) のような例から，虚辞は，格の認可条件や IP (= TP) に指定部が必要であるという条件が存在することによって生起するわけではないとしている．

(26)　a. *(For it) seem that John was late would be unadvisable.
　　　b. It is important *(for it) to appear that senators are sincere.

(26) の虚辞は，主語が必ずしも出現しなくてもよい環境に現れる．しかし，この場合でも，虚辞を省略すると非文となるので，Rothstein (2001) は，(以下で詳しく議論するような) 述語には主語が必要であるとする「述語認可条件」によって虚辞が生起すると主張している．

　叙述関係による項の認可と意味役割の付与との違いをより明確にする (D) の場合は，もともと主語が意味役割を与えられない位置に (項の移動によらず) 生起するケースである．その具体例として，Heycock (1991) や Rothstein (2001) は，seem, sound, look などの主語の位置に，動詞によって意味役割の与えられない名詞句が現れる以下のような文をあげている．

(27)　a. That book seems like it will sell well.
　　　b. It seems like the book will sell well.
(28)　a. John looks as if the baby was awake all night.

　　　　b. It looks as if the baby was awake all night.

(27a) や (28a) のような構文の場合には，(27b) と (28b) の例が示すように，主語位置に虚辞の it を置くこともできる．したがって，(27a) と (28a) の文では，主節の seem や look を含む動詞句は意味役割を主語に与えていないことがわかる．ちなみに，seem は，補部（complement）に that 節を選択することもある．しかし，その場合には，主語に it が必要となり，*That book seems that it will sell well. が非文となるように，主節に通常の名詞句を置くことはできない．

　少なくとも (27a) や (28a) に関して，表面上，主節に現れている主語は，seem や look という動詞によって選択されている主語ではない．さらに (27a) では，主語と同じ指示を持つ it が補文中に現れている．そうすると，(補語をとるすべての不完全自動詞にこのような分析を考えることができるわけではないかもしれないが) (27a) に対しては，主語が埋め込みの動詞によって選択され，その主語が主節に上昇すると考えて，(29) に見られるような主語上昇の構文と類似した分析を行なうことができるかもしれない．

　(29)　a. That book seems to sell well.
　　　　b. That book_i seems [t_i to sell well].

もし，(27a) に主語上昇が関与しているとすると，代名詞の it は移動によって残された痕跡と考えることができるであろう．しかし，Heycock (1991) が議論しているように，このような分析は妥当ではないと考えられる．なぜなら，代名詞は，(30a) の例が示すように，項の移動が関与できないと考えられる環境でも現れる．(27a) のような構文は，主語と従属節に何らかの意味的な関係があると判断できれば容認されるので，(30b) のように，従属節には照応関係を持つ代名詞がなくてもよい．

　(30)　a. That book sounds like its cover needs to be replaced.
　　　　b. That book sounds like everyone should own a copy.

したがって，(27a) や (28a) のような例は，主語の従属節からの移動が

起こっていないと考えられる．そうすると，(27a) と (28a) の主節にある主語は，主語に対する動詞句からの意味役割の付与も関わっておらず，また，演算子による束縛関係もなく，主語が純粋に叙述関係のみによって認可されている例となる．

ちなみに，統率束縛理論（Government and Binding Theory: GB 理論）では，(27a) のような例は，John is easy to please. のような例と同様に，θ規準（θ-criterion）の違反により排除されてしまうはずの例である．Heycock (1991) によれば，(27a) のような構文は，日本語においてしばしば観察される，動詞とは直接の意味関係を持たない多重主語構文の大主語の認可と同じような関連性の条件（aboutness condition）——たとえば，日本語の「象は鼻が長い」における「象は」が認可されるような条件——によって，主語が認可される構文であるということになる．(27a) は，主節の主語に動詞句から外項の意味役割が与えられていないが，叙述関係が成立する興味深い例となる．

以上のような観点から，Heycock (1991) や Rothstein (2001) などは，叙述関係の成立には，必ずしも意味役割が関与する必要がなく，次節でも議論するように，統語的な叙述関係を成立させる「述語認可条件」が存在すると主張することになる．

1.4 動詞句内主語仮説と分離自動詞句仮説

文が成立するためには，少なくとも 1 つの叙述関係が文中に成り立っていなければならない．なぜ文にそのような叙述関係が必ず必要となるかということに対しては，Rothstein (1983, 2001) が，「述語認可条件」（Predicate Licensing Condition）と呼ぶ条件があるからであるという議論を行なっている．この述語認可条件は，あらゆる述語は統語的に飽和（saturate）されなければならないとするものである．文において必ず，少なくとも 1 つの叙述関係が成立しなければならないのは，文の中心要素として，外部に項を 1 つ要求する述語が必ず現れ，その述語に対応する主語が必要となるためである．

主語がどのような統語位置で認可されるかについては，どのような理論

的な枠組みを採るかで異なってくる可能性がある．Rothstein（2001）は，外側に項を要求するXPが述語として働くと主張している．しかし，実際には，付加詞的な二次述語（第2章で議論する描写述語や結果述語）の局所性なども考慮したうえで，主語と述語の間には，局所的な（相互に構成素統御（c-command: c統御）する）関係がなければならないと規定し，通常の文は以下のような構造を持つために，I′（＝T′）も述語として働くと主張している．

(31) a. John will go to the office.
b. [TP John [T′ will [VP go to the office]]]

そうすると，厳密に言えばRothstein（2001）の理論では，1.2節で言及したXPが述語として働くという一般化には，（かなり重大な）例外があることになる．（なおWilliams（1980）の理論でも，主語は述語のVPの外部に存在し，主語と述語の叙述関係はc統御の関係により認可されることになる．しかしWilliamsの理論では，複数の枝分かれが可能な構造が許されており，実質上，叙述関係にはm統御（m-command）の関係が保証されればよいので，I′（＝T′）が述語であるとする必要はない．）

しかし，Sportiche（1988），Koopman and Sportiche（1991），Fukui（1986），Kuroda（1988）などの研究以来，主語はTPの指定部に直接生成されるのではなく，VPの内部において生成されると考えられている．このような分析を採用すると，当然のことながら，Rothstein（2001）が言うような，主語を要求する述語はI′（＝T′）ではなく，別の範疇になる．もちろん，Rothstein（2001）は，動詞句内主語仮説を採用する分析も可能であることを示唆してはいるが，実際には，この仮説を採用していない．しかしながら，これまでの研究で，主語がVP内部に生成されるとする経験的な証拠が幾つか出されており，動詞句内主語仮説を採用した叙述関係の分析が必要であると考えられる．

動詞句内主語仮説に対して出されている英語の経験的な証拠としては，1）受動文と能動文の等位接続（coordination），2）照応束縛（anaphoric binding）の可能性，3）数量詞遊離（quantifier float）による3種類が主

なものである．本節では，叙述の理論と関係してくると考えられる 2) と 3) について検討する．

最初に，照応束縛の議論に関して考える．himself や each other などの照応形（anaphor）は，同一節の主語を先行詞としてとることが多いが，Barss (1986) などが観察しているように，wh 移動（*wh*-movement）などが起こった時には，束縛の可能性に変化が起こる．まず，(32) のような例においては，himself や each other の先行詞は，埋め込み節内になければならない．

(32) a. John$_i$ thought Bill$_j$ saw a picture of himself$_{j/*i}$.
b. *They$_i$ said that I should talk to friends of each other$_i$.

(32a) においては，John と Bill が潜在的に himself と照応できる要素であると考えられるが，照応形の束縛条件（Condition A）により，接近可能な先行詞は，同じ節内にある主語に限定されるため，実際に先行詞となることができる名詞句は埋め込み節の Bill のみである．(32b) の場合は，each other の可能な先行詞は主節の they しかないが，主節に存在するため束縛ができず，その結果，非文となってしまう．

照応形を含む要素が wh 移動を受けた (33) のような文では，照応形の先行詞の可能性が (32) とは異なってくる．

(33) a. Which picture of himself$_{i/j}$ did John$_i$ think Bill$_j$ saw?
b. Which friends of each other$_i$ did they$_i$ say that I should talk to?

(33a) の照応形 himself は，John と Bill のいずれをも先行詞にとることができる．そして，(33b) の照応形 each other も，(32b) では不可能であった主節の they を先行詞にとることができるようになる．Huang (1993) によれば，これは，wh 移動によって前置された（himself を含む）wh 句が，埋め込み節の CP を通過するからであるということになる．

(34) a. [$_{CP}$ [which picture of himself]$_i$ does [John think [$_{CP}$ t_i [Bill saw t_i]]]]

b. [$_{CP}$ [which friends of each other]$_i$ did they say [$_{CP}$ t_i [I should talk to t_i]]]

一般に，wh 移動のような非項移動（A-bar movement）が起こった場合には，解釈の際に痕跡位置に再構築が可能とされている．そうすると (34) のような場合，(解釈される時点で) 照応形を含む wh 句を埋め込み節の CP の指定部の位置に再構築することが可能ということになる．もし (33) が解釈される時点で (35) のような構造を持てば，照応形の接近可能な主語は主節の主語となり，その主語が束縛理論によって許される先行詞となる．

(35) a. [John$_i$ think [which picture of himself$_i$ [Bill saw]]]
  b. [They$_i$ said [which friends of each other$_i$ [I should talk to]]]

実際，埋め込み文の CP 内に照応形を含む wh 句があると，その照応形が主節の主語によって束縛が可能になるということは，以下の間接疑問文の例より確認できる．

(36) a. John$_i$ wondered which picture of himself$_i$ Mary saw?
  b. They$_i$ wondered which friends of each other$_i$ I should talk to?

また (33) のような場合には，解釈を受ける際に wh 句を基底生成された位置に再構築することも可能である．移動が起こる前の位置に wh 句の再構築が起こった場合には，(33) は以下のような構造を持つことになる．

(37) a. [John think [Bill$_i$ saw which picture of himself$_i$]]
  b. *[They said [I$_i$ should talk to which friends of each other$_i$]]

(37) のような構造では，照応形が接近可能な先行詞は，埋め込み節の主語となる．したがって，(37a) の himself は Bill を先行詞としてとることができる．なお，(37b) は，埋め込み節の主語が I なので，数が一致せず，each other の先行詞となることができない．(33) においては，(35) と (37) の 2 つの構造が得られるために，(32) では許されなかった照応形

の先行詞束縛の可能性が得られることになる．

これに対して，名詞句ではなく，照応形を含む述語要素が wh 句として wh 移動を受けた場合には，束縛の可能性に変化が起きないことを Barss (1986) は観察している．

(38) a. *How proud of yourself$_i$ do you$_i$ think John should be?
b. How proud of himself$_i$ do you think John$_i$ should be?

(38)では，照応形が従属節内の主語を先行詞とすることには問題がないが，主節の主語を先行詞とすることはできない．つまり，(38)においては，(33)と同じように wh 句が主節の CP へ移動しているが，照応形がとれる先行詞の可能性は変化しないのである．(38b)において himself が John を束縛できないという事実は，たとえば，(39a)のように表層で wh 句が埋め込み節の CP に留まっているような文において，himself が主節の John を束縛できないということと並行的である．

(39) a. *John$_i$ wonders how proud of himself$_i$ Mary became.
b. *They$_i$ wonder how proud of each other$_i$ I can be.

how proud of himself のような述語を含む wh 句は，wh 移動において移動されても，照応形の束縛の可能性が変わらない．この事実は，Huang (1993) によれば，wh 移動によって前置された述語内に主語のコピー（痕跡）が残っていることに由来することになる（なお以下では，移動の後に残されるものはコピーであるとする，コピー理論（copy theory）を仮定することにする）．

(40)

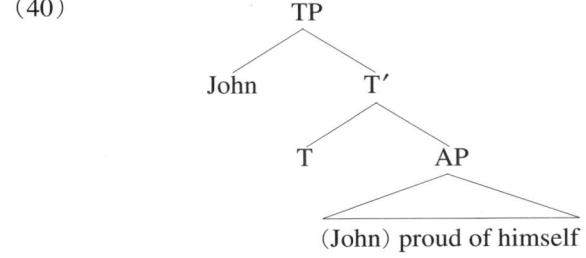

(40)のように，主語がもともと述語内に存在し，表層ではTPの指定部に移動しているのであれば，wh移動を受ける述語要素は常に，動詞の主語((40)ではproudの主語)となる項のコピーを含んでいることなる.

(41) a. [You think [[AP (John$_i$) proud of himself$_i$] John$_i$ should be]]
     b. [You think [John$_i$ should be [AP (John$_i$) proud of himself$_i$]]]

(38b)のような文では，(41a)のようにwh句が埋め込み節のCPの位置に再構築されても，(41b)のように移動前の位置に再構築されても，ともに，Johnのコピーがhimselfにいちばん近い接近可能な先行詞となる．したがって，wh句が文のどの位置にあろうと，照応形は常に従属節の主語Johnを先行詞にとることになるのである．(38)のような事実は，動詞句内主語仮説によって原理的に説明されることになる.

次に，数量詞遊離に関する動詞句内主語仮説の議論を検討することにする．allやbothなどの数量詞は，それが意味的に修飾すると考えられる要素とは離れた位置に生起することが，しばしば観察されている．(42)のような例では，主語を意味的に修飾するallは，主語の前に現れてもよいし，seenの前に現れてもよい.

(42) a. *All* the men have seen this movie.
     b. The men have *all* seen this movie.

Sportiche (1988)によれば，このような数量詞の遊離が起こりうるのは，主語がもともと動詞句内にあったためであるということになる．Sporticheは，allなどの数量詞が名詞句の直前に基底生成される要素とみなして，以下のような構造を仮定し，数量詞の分布を説明する.

(43) a. [TP All the men have [VP (all the men) seen this movie]]
     b. [TP The men have [VP all (the men) seen this movie]]

(43a)では，all the menがVPの指定部に生起されるが，表層ではこの名詞句全体がTPの指定部に移動している．これに対して，(43b)では，all the menがVPの指定部に生成されるものの，allはVP内に取り残さ

れて，TP の指定部まで移動されるのは the men のみである．このように，主語が VP の内部に生起される(43)のような構造を立てることによって，主語とは離れた位置に生起された all が意味的に主語を修飾できることが説明できることになり，いわゆる動詞句内主語仮説が経験的に動機づけられることになる．

　数量詞遊離のもう 1 つの特徴として，直接目的語からの遊離ができないということがあげられる．

(44)　a.　*The professors$_i$ were fired all t_i.
　　　b.　*The books$_i$ have disappeared all t_i.

(44a) の the professors は，もともと目的語の位置に生成されると考えられるが，受動化により主語位置に現れる．また，(44b) の disappear は非対格動詞なので，主語の the books も，もともと目的語の位置にあったと考えられる．いずれの場合も Sportiche (1988) の分析では，数量詞を残したまま名詞句の主語位置への移動が可能なはずで，数量詞を目的語の位置に残した数量詞遊離ができてもよさそうであるが，実際には (44) が示しているように不可能である．

　(44) の非文法性は，Sportiche (1988) の提案自体からは説明できないが，Bowers (1993) や Baltin (1995) などは，(副詞と同じように) 数量詞がある投射要素に付加されるという条件を付けることによって，説明することができるとしている．実際，(45) が示すように，数量詞遊離は何らかの後続要素がないと認可されない．

(45)　*John read the books all.

ただし，どのような後続要素でもよいわけではなく，数量詞遊離が機能するためには，後続する要素が主語と叙述関係を持っている必要がある．なぜならば，Maling (1976) が指摘しているように，数量詞の遊離が認可されるには，主語を叙述する要素に遊離された数量詞が付加されていなければならないからである．したがって，以下のような例は非文と判断されることになる．

(46) a. *I saw the men all yesterday.
b. *She found the missing books both quickly.
c. *They went after the thieves both on bicycles.
d. *He impresses his friends all as pompous.

(46a), (46b), (46c) は, 述語要素として働かない要素に数量詞が付加されているので, 容認されない. そして (46d) は, 数量詞が付加されているのは述語要素であるが, この述語要素は he を叙述するのであって, his friends を叙述する要素ではない. したがって, 数量詞 all は his friends から遊離されたと解釈されず, 非文となる.

もし, 数量詞が遊離される主語に対する叙述の条件が満たさるのであれば, 以下の例が示すように, いろいろな述語要素に対して数量詞の付加 (遊離)が可能になる (Maling 1976).

(47) a. Mom found the boys *all* so dirty when she got home, that she made them (*all*) take a bath.
b. Cinderella's fairy godmother turned the pumpkins *all* into handsome coaches.
c. They will *all* finish their homework in an hour.

同じような状況は, to 不定詞節においても観察される. 不定詞の前に現れる数量詞遊離は, その不定詞節が叙述する要素と関係づけられることになる. (48) の例では, to 不定詞の叙述する構成素は, 主節動詞の選択する目的語なので, 数量詞は主節の目的語から遊離されたと解釈される.

(48) a. Frank persuaded the men *all* to resign.
b. The teacher ordered the two boys *both* to pay close attention.

これに対し, (49a) や (49b) のような主語上昇構文や主語コントロール構文では, to 不定詞節の前に現れている数量詞は, to 不定詞節が叙述関係を持つ主節の主語から遊離されたと解釈されることになる.

(49) a. They are likely all to leave at once.
b. The men promised me (?all) to (all) resign.

c. *Frank promised the men all to leave.

Sportiche (1988), Bowers (1993), Baltin (1995) が観察しているように，(49b) のような主語コントロール構文において，to の後に数量詞が現れた場合には容認されるが，数量詞遊離が to の前に現れると文法性が落ちる．なお，promise が選択する to 不定詞が叙述関係を持つ主語は，主節の主語となるので，(49c) のような例は数の不一致のため非文となる．

　数量詞遊離により数量詞が付加される述語要素は，数量詞が意味的に修飾する名詞句と叙述関係を持っているとする見方が正しいということは，(50) のような例でも確認できる．

(50)　a.　The vision struck the shepherds all blind.
　　　b.　*The idea struck the men all as nonsense.

(50) の 2 つの文では，ともに strike という動詞が使用されている．しかし (50a) では，blind が叙述するのは strike の目的語の the shepherds なので，この名詞句から数量詞が遊離されたと解釈される．これに対して，(50b) の strike の目的語の the men は as nonsense と叙述関係を持たないので，all が the men から遊離したという解釈は存在しない．

　ここで，以下の点に注意する必要がある．Postal (1974) や Maling (1976) が議論しているように，目的語が代名詞の場合，both や all は (51a) のように，後続要素がなくても後置できる．

(51)　a.　I hate them all / both.
　　　b.　*I hate the men all / both.

(51) のような数量詞の後置は，「数量詞後置」(Q-postposing) と呼ばれ，通常，数量詞遊離とは区別される．実際，数量詞後置によって後置される要素は，数量詞遊離によって後置される要素とは異なる分布を示す．まず，通常の名詞句においては，(52a) のように，数量詞を名詞句の前に置くことが可能である．しかし代名詞では (52b) のように，数量詞を前に置く形が不可能である．

(52) a. I hate all / both (the) men.
　　　b. *I hate all / both them.

数量詞遊離と数量詞後置が異なる現象であるということは，Postal (1974) があげている以下のような例からも確認できる．

(53) a. They all, it seems to me, have the same outlook on politics.
　　　b. ?* Your brothers all, it seems to me, have the same outlook on politics.

(53)が示していることは，数量詞後置で後置された数量詞は，修飾要素から切り離すことができないということで，数量詞後置では数量詞が名詞句から遊離されないということを示唆している．不定詞節においても同様のことが観察できる（Postal 1974）．

(54) a. Malcom proved them all, he claimed, to be vicious criminals.
　　　b. *Maclom proved the soldiers all, he claimed, to be vicious criminals.

また，以下の例は，主語の直後に現れる遊離された数量詞は，直接主語を修飾しているのではないということを示している．

(55) a. The men, I think, all / both left at dawn.
　　　b. *The men all / both, I think, left at dawn.

(55)が示しているように，I think のような文修飾要素は遊離数量詞と主語との間に介在できるが，遊離数量詞の後に置くことはできない．このような事実は，主語から遊離された数量詞は主語と構成素をなすのではなく，述語要素に付加されるということを示している．さらに，このことにより，遊離数量詞の意味的な修飾先が，付加される述語によって同定されることになるということがわかる．

　なお，Culicover and Wilkins (1986), Bobaljik (2003)が議論しているように，たとえ遊離数量詞が述語要素に付加されることによって認可され

るとしても，Sprotiche (1988) の名詞句の移動の分析が厳密には適用できない例も，(56) や (57) のように存在する．

(56) a. John, Fred, and Mary have all left.
b. *All John, Fred, and Mary have left.
(57) a. Some (of the) students might all have left in one car.
b. *All of some (of the) students might have left in one car.

(56b) と (57b) は，数量詞の all が主語名詞句を修飾する形が存在しないことを示している．にもかかわらず，(56a) や (57a) のように，数量詞の遊離された形を派生することが可能である．もし，Sportiche (1988) の分析のように，名詞句と数量詞の修飾に厳密な対応関係があるとすると，(56) や (57) のような例は問題となる．しかし，(56a) や (57a) では，主語から数量詞が遊離されたと解釈することができる．もし数量詞が，主語との関係を導き出すためには，主語と叙述関係を持つ要素と局所的な隣接関係を持てばよいとするのであれば，動詞句内主語仮説は動機づけられることになる．

叙述に関係する数量詞遊離の事実で興味深いのは，二重目的語動詞に関する分布である．Maling (1976), Bowers (1993), Baltin (1995) が指摘しているように，二重目的語動詞の直後にくる名詞句からの数量詞遊離は可能である．

(58) a. I gave the toys all to the children.
b. Mary gave the kids all some candy.
c. She sent the girls both presents.

多くの二重目的語動詞では，目的語が 2 つ現れる二重目的語構文 (double object construction) と，to (あるいは for) で標示される名詞句が現れる与格構文 (dative construction) で，交替が可能である．(58) で示されているように，二重目的語構文と与格構文のどちらのタイプの構文においても，数量詞の遊離は，動詞の直後に現れる名詞句に対して可能になる．

また，promise のような動詞は，(59) で示されているように，後に to 不定詞がきた場合には，promise の直後にくる名詞句からの数量詞遊離は

できないが，二重目的語構文になった場合には，動詞の直後にある名詞句から遊離が可能になる（Bobalijk 2003）．

(59) a. *Frank promised the men all to leave.
b. The tooth fairy promised the kids each a quarter.

さらに，(60) が示しているように，二重目的語構文に現れることができる動詞でも，通常の他動詞として用いられた場合には，目的語からの数量詞遊離は不可能になる．

(60) a. She called the men (both) bastards.
b. She called the men (*both).

そうすると，二重目的語構文や与格構文において数量詞遊離が可能になるのは，数量詞遊離が行なわれる目的語とその後につづく構成素が，叙述関係を持っているためであると考えられる．

また，put などのように義務的に場所名詞句を選択する動詞や，hang などのように up のような小辞（particle: Prt）を選択する動詞が現れる構文でも，数量詞遊離は可能である．

(61) a. Hang your coats all / both up on hangers.
b. She put the books all (back) on the shelf.

(61)のような数量詞遊離の可能性は，put や hang などの目的語の後に現れる構成素が，動詞の直後に現れる目的語と一種の叙述関係を持っているということを示唆している．Kayne (1985) は，小辞とそれに先行する名詞句で，[$_{sc}$ NP-Prt] のように一種の小節を構成すると分析している．このような分析では，名詞句と小辞の間に叙述関係が成立することになり，(61)のような数量詞遊離の可能性も容易に説明することができる．

遊離数量詞は，主語の生成される VP 内だけではなく，その他の位置にも置くことができることが観察されている．Baltin (1995) は以下のような例をあげている．

(62) a. The children *all* would have been doing that.
b. The children would *all* have been doing that.

c. The children would have *all* been doing that.

数量詞 all がさまざまな位置に現れるのは，結局，VP 内に基底生成された主語が TP の指定部に上昇する際に，連続的循環移動（successive cyclic movement）によって複数の位置を通過した結果，all をそれぞれの位置で遊離することが可能になるためである．（ただし (62a) については，Sportiche (1988) のように数量詞が前方からの修飾のみを許すと分析すると，all の修飾するコピーがどこにあるのかが問題となる．Baltin (1995) は，遊離数量詞を動詞前部修飾要素として，Sportiche (1988) とは異なる分析を行なっている．）

　動詞句内主語仮説が提案された 1980 年代後半は，主語が述語の内部——最も典型的には動詞句の指定部——に生成されると考えられていた．しかし，Larson (1988) が，二重目的語構文をもとに VP シェル（VP-shell）の分析を行なったこと，および，Hale and Keyser (1993) も二重動詞句の分析を提案したことが契機となって，Chomsky (1995) により動詞句内に少なくとも 2 層の最大投射が存在するという「分離動詞句の仮説」（split VP hypothesis）が提案された．このような流れは，叙述の研究にも影響を与えている（Ikeuchi (2003) 参照）．たとえば Bowers (1993) は，動詞句内に VP と叙述関係を決定する叙述句（Predication Phrase: PrP）という 2 つの句が存在することを提案している．また，Krazter (1996) も，VP の上層に動作主の生起を認可することのできるヴォイス句（VoiceP）を提案している．

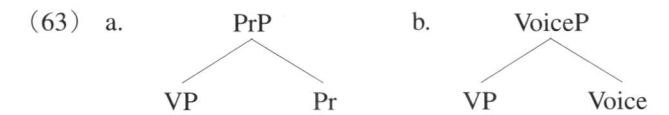

(63)　a.　PrP　　　　　b.　VoiceP
　　　　／＼　　　　　　　　／＼
　　　VP　　Pr　　　　　VP　　Voice

PrP や VoiceP は，ラベルは異なるものの，外項をその指定部に導入し，動詞句を補部に選択する投射であるとされるので，これらの 2 つの提案は，基本的に同じものであると考えてよいであろう．

　分離動詞句の構造を仮定する主な根拠として，Kratzer (1996) は，外項に当たる要素が動詞の真の項であるとは考えられないということあげて

いる．その主張を支持する証拠として，Marantz (1984) の議論を援用している．Marantz (1984) は，以下のような例で，動詞の意味が内項との組み合わせによって異なってくることを観察している．

(64) a. throw a ball
　　 b. throw support behind a candidate
　　 c. throw a boxing match（i.e. take a dive）
　　 d. throw a party
　　 e. throw a fit

これに対して，動詞の意味は，外項の選択によって左右されることは通常ない．(64) のデータに基づく Marantz (1984) のもともとの主張は，外項の意味役割が動詞と内項の組み合わせにより間接的に決められ，外項の意味役割が動詞句から与えられるということである．しかし，Kratzer (1996) は，このような動詞の組み合わせが，内項と外項の本質的な違いを示していると主張している．Kratzer によれば，外項は，内項とは異なり，動詞によって選択される真の項ではないということで，外項と内項のこのような性質の違いから，主語を選択する VoiceP の存在が正当化されるというのである．

　Bowers (1993) は，統語的に PrP のような投射が存在するという議論を，より厳密に，かつ広範な事実から検討している．Bowers (1993) は，すでに本論で議論した照応束縛や数量詞遊離に基づく議論や，副詞や等位接続の幾つかの事実によって，分離動詞句の構造を動機づけることができるとしている．Bowers のこれらの議論はかなり複雑なので，ここではその詳細には入ることができないが，Bowers が行なっている議論のうちで，PrP の存在を動機づける等位接続（coordination）に関する興味深い事実について，ここで紹介することにする．

　まず，一般に，等位接続が可能な要素は，John and Mary や an interesting but controversial argument などのように，基本的に同じ範疇に属する要素であると考えられる．これに対して，(65) で示されるように，叙述表現は，異なる範疇に属する要素をかなり自由に等位接続することが可

能である.

(65) a. I consider John crazy and a fool.
b. Bill is unhappy and in trouble.

どのような要素に対して等位接続が可能で，どのような要素に対して等位接続が可能でないかに関しては，詳細に検討する必要もあるが，Bowers (1993)によれば，(65a)のように，述語名詞句と形容詞句というかなり異なる範疇に属する述語要素に対して等位接続が可能であるのは，述語表現が(述語の投射の上部に)述語句 PrP の投射する構造を持つためである.

(66) ... [$_{SC}$ John$_i$ [$_{PrP}$ t_i [$_{AP}$ crazy]] and [$_{PrP}$ t_i [$_{DP}$ a fool]]]

Bowers の分析では，(65a)の等位接続は，述語句の PrP が等位接続されるので，補部として現れる範疇が AP であろうとも，DP であろうとも，それらの範疇の影響を受けず，等位接続が可能となるということになる．少なくとも，述語名詞句と形容詞句は，述語としてかなり異なる働きをしており，(65a)の文が容認されるのは PrP の投射が存在するためであると考えてよいであろう．(65a)のような等位接続の起こった文に対する Bowers (1993)の説明が正しいとすると，PrP が現れないような環境では，述語名詞句と形容詞句の等位接続ができないという予測が成り立つが，Bowers (1993)はこの予測が正しいことを示すために，(67)のような文を提示している.

(67) a. They regarded John as crazy and as a fool.
b. *They regarded John as crazy and a fool.

(67a)が示しているように，as が含まれる構成素が等位接続されることは可能であるが，(67b)のように，その内部にある AP と DP を等位接続することはできない．Bowers (1993)によれば，(67a)の文に現れる as は PrP の主要部が音声形を持ったものであり，その補部に AP や DP が生起することになる．そうすると，as の内部要素が等位接続される (67b)は，以下のような構造を持つことになる.

(68)　...*[$_{VP}$ John$_i$ [$_{PrP}$ t_i [$_{AP}$ crazy] and [$_{DP}$ a fool]]]

(68) は，AP と DP というまったく異なる範疇に属する構成素が等位接続されるために，排除される．Bowers (1993) によれば，このような等位接続の事実により，述語と共起する PrP の存在が経験的に証拠づけられることになる．

「分離動詞句の仮説」は，叙述の統語構造として仮定するのに十分な根拠があると思われる．したがって，本稿のこれからの議論でもこのような考え方を採用し，議論することにする（以下では，叙述が関与する最大投射を PredP と表記することにする）．

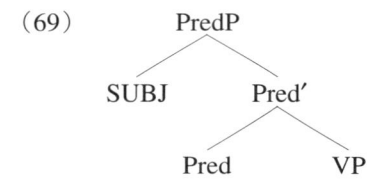

(69)
```
        PredP
       /    \
     SUBJ   Pred'
            /   \
          Pred   VP
```

分離動詞句の仮説では，主語は PredP の指定部に現れる．そして，それと叙述関係を持つ述語は，その PredP の補部に現れ，叙述関係は PredP を媒介して認可されるということになる．分離動詞句の仮説に従えば，通常の他動詞文は (70) のような階層構造を持つということになる．

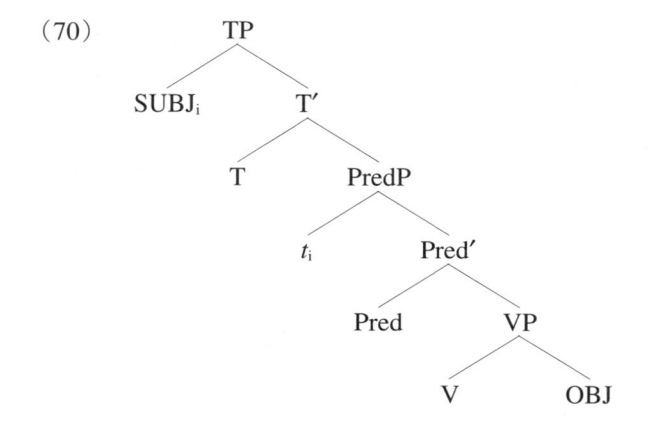

(70)
```
          TP
         /  \
      SUBJ_i  T'
             /  \
            T   PredP
                /   \
              t_i   Pred'
                    /   \
                  Pred   VP
                        /  \
                       V   OBJ
```

TP には指定部(主語)がなければならないという拡大投射原理(EPP)の要請が存在するために，PredP の内部に生成される主語は，表面上，TP の指定部に移動することになる．ここで重要な点は，分離動詞句の仮説が正しいとすると，叙述関係は，表層の主語位置で決定されるのではないということである．したがって，Rothstein (2001) が言うような叙述関係を規定する「述語認可条件」が当てはまるのは，主語が基底生成されるPredP内ということになる．なお，内項がTP の指定部に移動し派生主語になる場合(典型的には受動文の主語)にも，数量詞遊離の事実から，PredPを通過しなければならないと考えられるので，叙述の理論から見た場合には，派生主語にも述語認可条件がかかっていると考えることができる．以下では，この仮説をもとにさまざまなタイプの叙述について検討することになる．

1.5 一次叙述と小節

　一次叙述を形成する形式は1つではなく，大きく分けて2つのクラスがある．最も典型的には，(71)に見られる単文に代表されるような，時制要素の投射 TP を含む叙述と，(72) のような consider や make などの補文に現れる，いわゆる小節 (small clause) の構造を持つ叙述である．

(71) a. John met Mary.
　　　 b. Mary ate the carrot.
(72) a. I consider [John dangerous].
　　　 b. The jury found [him guilty].
　　　 c. They regard [John as crazy].

　本節の議論の中心となるのは，(72) のような小節がどのような特性を持つかということである．まず，小節は(72)で示されたように，consider, find, regard などの動詞の補部要素として典型的に現れ，小節中には屈折要素が現れない．小節の述語の形式は，主節の述語のタイプによって何種類かに分かれるが，小節の主語は，主節の動詞によって格付与 (Case assignment) が行なわれる．したがって，小節の主語は通常，主節の受動化

によって容易に主節の受身主語となることができる．

 (73) a. John was considered dangerous.
    b. He was found guilty.
    c. John is regarded as crazy.

しかしながら，対格で標示される小節の主語の性質は，埋め込まれた述語の性質によって決まる．小節の主語には，述語の性質により虚辞あるいは通常の主語が現れる．

 (74) a. We consider it certain that Mary will win the race.
    b. John made it obvious that John was responsible.
    c. I believe it certain that he will be late.
 (75) a. We consider Mary / *there responsible.
    b. John made Mary / *it be suspected.
    c. I believe him / *it honest.

なお，consider や believe などの動詞は，補語として小節のほかに to 不定詞をとることもできる．

 (76) a. I consider Mary to be scared of snakes.
    b. I believe John to be a genius.

(76)の例は，いわゆる例外的格標示 (Exceptional Case Marking: ECM) 構文である．Nakajima (1991) が議論しているように，例外的格標示構文の補文と小節は，異なる性質を示す．たとえば，(76)のような例外的格標示構文は，小節とは異なり，補文中に probably のような文副詞を置くことが可能である．

 (77) a. John considers [Mary probably to be scared of snakes] — certainly, she is scared of snakes.
    b. ?*John considers [Mary probably scared of snakes] — certainly, she is scared of snakes.

例外的格標示構文の補文では，時制要素の一種である to が現れ，かつ，

TPに付加される文副詞を置くことができるので，(定形節と同じように)TPが投射していると考えられる．これに対して，小節は，時制要素も現れずprobablyのような文副詞を置くことも不可能なので，TPの投射がない構造を持っていると考えてよいであろう．ただし，小節に選択できる述語は，動詞によってかなりの違いを示す（Kitagawa 1985; Contreras 1995)．そうすると，小節の細かい内部構造は小節を選択する主節の動詞の性質によって変わってくると考えられるが，ここではその議論には入らないことにする．なお，小節構文と例外的格標示構文における（主観性に関する）意味の違いについては，Borkin (1984) が詳細な分析を行なっている．

　Rothstein (2001) も議論しているように，小節内に述語が選択する主語が存在することは，小節を含む文の意味が，通常の単文の意味や二次叙述の関与する文の意味とは異なることからも判断できる．まず，(78) のような二次叙述が関与するような例では，(78a) が (78b) を含意することになる．

(78) a. Mary drank the coffee black yesterday.
　　　b. Mary drank the coffee yesterday.

(78a) のように「昨日，コーヒーをブラックで飲んだ」ということは，(78b) のように「昨日，コーヒーを飲んだ」ということを必然的に含意する．これに対して，小節の場合には，このような含意関係が必ずしも成立しない．

(79) a. John considered that problem difficult.
　　　b. John considered that problem.

(79a) で表されている「ジョンがその問題をむずかしく思う」ことは，(79b) が表す「実際にジョンがその問題自体について考えた」ことを必ずしも含意しない．したがって，小節が関与する (80a) のような文は意味が矛盾しない文になるが，（目的語の状態を記述する）描写述語 (depictive predicate) が関わる (80b) では，意味に矛盾が生じることになる（描写述

語の詳細については第 2 章参照).

(80) a. He considered that problem difficult even though he has never seriously considered the problem itself at all.
b. #Mary drank her coffee strong though she never drank her coffee.

(78) の coffee は，結局，後に black のような二次述語が現れるかどうかにかかわらず，drink から意味役割を与えられるために，(78a) と (78b) の間で含意関係が成立する．これに対して，小節を含む (79a) においては，小節の主語の意味役割は主節の consider ではなく，小節内の difficult によって与えられるので，(79b) の that problem のように consider から意味役割を与えられる場合と異なる意味関係が成立する．その結果，この 2 つの文の間では，必ずしも含意関係が成立するとはかぎらず，(80a) のような文は，意味的に矛盾しないと判断される(ただし，含意関係が成立する可能性が一律に排除されてしまうわけではない)．

小節と二次叙述を分けるもう 1 つの特徴として，Rothstein (2001) が指摘しているのは，等位接続によって叙述できる要素の違いである．まず，(81a) のような二次叙述を含む文では，(81b) に示されたような iced が tea のみを叙述する読みが可能である．

(81) a. Bill drinks coffee and tea iced.
b. Bill drinks coffee and he drinks tea iced.

これは，二次述語がその直前に現れる要素に付加されることが許されるからである．これに対して，(82a) の小節においては，(82b) のような読みは存在しない．

(82) a. I consider the problem and the solution wrong.
b. I consider the problem and I consider the solution wrong.

(82a) においては，後半の the solution のみを wrong が叙述する読みは存在しない．これは，consider が選択する補文として小節が現れ，その主語が等位構造を持った場合には，小節の述語は，等位された主語の両方を

叙述しなければならないからである．

(83) a. I consider [$_{SC}$ [$_{DP}$ the problem and the solution] wrong].
b. *I consider [$_{DP}$ the problem] and [$_{SC}$ the solution wrong].

先にも議論したように，等位接続においては，基本的に，同じ範疇に属する要素が等位接続される．(82a)の述語の主語が，必然的に，先行する the problem と the solution の2つの名詞句になると解釈されるのは，等位接続の制限から (83b) のような構造が排除され，(83a) のような構造のみが許されるためであるということになる．

小節補文のもう1つの特徴として，Stowell (1983) が指摘しているように，さまざまな範疇要素が小節の述語部分に入ることができることをあげられるであろう．

(84) a. John finds Bill *crazy*.
b. Alexandra proved the theory *false*.
(85) a. I expect that man *off my ship*.
b. The captain allowed him *into the control room*.
(86) a. Nobody heard it *rain last night*.
b. We all feared John *killed by the enemy*.
(87) a. I consider John *the president*.
b. I found Mary *a clever woman*.

(84) から (87) までの例は，(主節の動詞の選択制限がかかるものの) 小節に現れる述語が，形容詞句・前置詞句・動詞句・名詞句のいずれであってもよいことを示している．

次に，小節にどのような統語構造を仮定することができるかについて，検討することにする．「分離動詞句の仮説」を用いた場合，(88a) のような単文は，述語が VP と PredP の2つの投射からなる (88b) のような構造を持っていると分析できることは，先に議論した．

(88) a. John met Mary.
b. [$_{TP}$ John$_i$ [$_{PredP}$ t_i [$_{VP}$ met Mary]]]

小節がどのような統語構造を持つかに関しては，従来よりさまざまな提案がなされてきている．Stowell (1983) は，主語が述語の投射内に入る (89) のような構造を持っていると分析している．

(89) [V [xp SUBJ [X]]]

小節の述語位置には AP などいろいろな述語要素が入ることができるので，(89) では X と表記している．この構造では，小節は，その中にある述語の最大投射 XP ということになる．Stowell (1983) は，このような分析を支持する1つの証拠として，主節の VP 内に現れうる要素が小節内には現れないということをあげている．

(90) a. *I consider the mayor *myself* very stupid.
b. *I want him *very much* off my ship.
c. *We feared John *with great concern* killed by the enemy.

しかしながら，主語が述語の投射内に入るとする Stowell (1983) の分析には，さまざまな問題があることも指摘されている．Williams (1983a) が観察しているように，述語部分にはしばしば，最大投射をなすと考えられる要素が現れる．

(91) John considers Bill Bob's good friend.

(91) の [Bill Bob's friend] は，通常の場合には構成素をなさない．Stowell の小節の分析では，この文字列の連鎖が構成素になることになり，(92) においては，(通常，最大投射を構成する) Y で表されている要素の上に指定部が現れることになる．

(92) John considers [x Bill [y Bob's good friend]].

さらに Williams (1983a), Heycock (1991) が指摘しているように，X が指定部を含む最大投射であるならば，Y に当たる部分は最大投射ではありえなくなる．そうすると，最大投射でない Y は，通常，移動などの統語操作の対象とはならないと予測できる．しかしながら，Y に相当する要素

は，Stowell (1983) の分析では，最大投射にならないのにもかかわらず，(93) のように，wh 移動のような移動が可能である．

(93) a. [How intelligent]$_i$ does John consider Jack t_i?
b. What$_i$ did they elect Kathryn t_i this time?
c. [Whose friend]$_i$ would you consider him t_i?

このような事実は，(92) のYで示される要素が，通常の名詞句と同じように最大投射を形成しているということを示唆している．さらに，Rothstein (2001) が議論しているように，小節の主語と述語を含む要素を wh 移動やその他の移動操作によって移動させることはできない．

(94) a. *[John a good friend]$_i$ was considered t_i.
b. *[John a good friend]$_i$ is what you considered t_i.

(94) の移動操作によって移動される要素は，名詞述語が使用されているので名詞句の最大投射 (DP) ということになるはずである．当然のことながら，通常の名詞句の最大投射 (DP) は移動可能である．

(95) a. That problem was considered.
b. That problem is what he considered.

(91) の小節内の名詞句の最大投射が，(92) のXで示されている部分（小節）であるとすれば，この構成素が通常の名詞句と同じような振る舞いをするはずであるが，(94) の事実は，小節がそのような振る舞いを示さないということを示している．

Stowell (1983) の議論では，(90) のように副詞的要素が小節内の主語と述語の間に現れないということが，小節が述語の最大投射となる1つの根拠となっていた．しかしながら，Heycock (1991), Hornstein and Lightfoot (1987) が指摘しているように，主節の副詞は小節の主語と述語の間に置くことは不可能でも，小節内で修飾を行なう副詞を置くことは可能である．

(96) a. I consider that man *a little bit* crazy.
b. I consider him *completely* off the mark.

小節に関する移動や副詞要素に関する事実は，述語の最大投射が小節の主語を排除した形で存在していることを示唆している．そうすると，小節内の主語と述語は，述語の最大投射の中に含まれていないと考えるのが妥当であろう．

なお，小節は基本的に移動操作によってまとまって移動することはないが，Safir (1983), Hornstein and Lightfoot (1987) などが観察しているように，小節がまとまった形で主語位置に起こることがある．

(97) a. [Workers angry about the pay] is just the situation that the ad campaign was designed to avoid.
b. [Suzan in New York] is what we must avoid.

(97a) では，[ ] 内に示された要素が主語として働いており，小節の主語と主節の be 動詞が一致しているわけではないので，be 動詞は単数形となっている．このような事実は，小節が1つの構成素をなすということを示している．そうすると，小節の構造は，時制要素は現れないものの，かなり複雑な構造をしているということになる．

さらに，動詞句内主語仮説を検討した際の照応形や数量詞遊離の現象を検討してみると，小節内に PredP の存在を示唆する証拠が存在することがわかる．まず，照応形を含む述語が wh 移動を受けた場合の照応形の振る舞いを観察する．

(98) a. *How proud of each other$_i$ do they$_i$ consider Bill?
b. How proud of each other$_i$ does John consider them$_i$?

(98a) と (98b) の文法性の違いが示しているように，wh 句の how proud of each other が文頭に現れた場合，従属節の主語が each other の先行詞となることはできるが，主節の主語が each other の先行詞となることはできない．(98) のような文では，小節の述語を構成する how proud of each other が wh 移動によって文頭に移動されても，each other の先行詞の可能性が変わらないのである．このような事実は，Huang (1993) や Sportiche (1998) が議論しているように，前置される述語内に，主語の

コピーが存在するということを示唆している．つまり小節の主語は，表面上の位置とは異なる位置から，目的格が与えられる位置に上昇しているのである．そうすると，小節の場合も時制を含む節の場合と同じく，主語は，表面上現れる位置とは異なる位置に生成され，述語と叙述関係を持つと考えてよいであろう．

　また，(99) で示されているように，all のような数量詞も小節の主語から遊離が可能であるという事実も，やはり，小節内の主語が表面上の主語と異なる位置に基底生成されていることを示唆している．

(99)　a.　We found the men *all* fools / crazy.
　　　b.　Mother found her kids *all* so dirty.

小節内での数量詞遊離の事実は，基本的に単文における叙述に関する事実と同じである．数量詞遊離は，小節内の述語の前で可能であるので，小節には，SC で標示される小節の構成素以外に，主語がその指定部に生成される PredP が存在する，と言うことができるであろう．そうすると，小節は，Rothstein (2001) などが考えているよりも複雑な構造を持ち，以下のような構造を仮定することができる．

(100)　[$_{SC}$ SUBJ$_i$ [$_{PredP}$ t_i [$_{AP}$　]]]

(100) に示されている分析では，小節の主語が主節動詞の目的語の位置に存在するのではなく，小節内の PredP から移動を受けるものの，小節 SC の内部（SC で標示される投射の指定部）に存在することになる．Stowell (1991) が指摘しているように，小節の節境界に（小節の）主語が入る構造を仮定する 1 つの利点として，小節の主語からの要素の抜き出しに関する制約が自然に説明できる，ということがあげられるであろう．

(101)　a.　*Who$_i$ do you consider the sister of t_i very smart?
　　　b.　*Who$_i$ did you make the sister of t_i leave?

(101) のように，小節の主語は，その一部を抜き出す wh 移動を適用することができない．Kayne (1984) が観察しているように，定形節内にあ

る名詞句の内部からの wh 句の抜き出しには，主語・述語の非対称性が観察される．

(102) a. *Which actress$_i$ does John think that a picture of t_i was found by Bill?
b. Which actress$_i$ does John think that Bill found a picture of t_i?

(101) と (102) の事実は，小節の主語が，wh 句の抜き出しに関しては定形節の主語と同じ振る舞いをするということを示している．wh 移動には，以前に左枝条件 (left branch condition) と呼ばれていた抜き出しに関する制限がかかる．特に，節境界を形成する投射の指定部に位置する要素——典型的には TP の指定部を占める主語——の内部からは，wh 句の抜き出しを行なうことができない．小節の主語からの wh 句の抜き出しができないという事実は，（節境界を形成する投射である）小節 SC の指定部に主語が存在するということから，自然に説明することができる．なお，このタイプの抜き出しは，以下のような例外的格標示構文でもできない．

(103) *Who$_i$ do you believe [$_{TP}$ the oldest sister of t_i to have left]?

例外的格標示構文の補文に TP の投射が存在することは，先に議論した．believe により例外的格標示を受ける名詞句は，埋め込み節の（節境界を形成する）TP の指定部に存在する．そうすると，(103) が容認されないのは，埋め込み節の主語が TP の指定部にあるために，wh 句の抜き出しに関して制約が課せられるからであると考えられる．ちなみに，通常の目的語として働く要素は，その一部を wh 移動によって抜き出すことができる．このことは，以下の例より確認することができる (Stowell 1991)．

(104) a. Who$_i$ did you tell the sister of t_i stories?
b. Who$_i$ did you tell the sister of t_i [PRO to leave]?

(104a) は，二重目的語動詞の間接目的語からの抜き出しの例で，(104b) は PRO をコントロールしている目的語名詞句からの抜き出しである．これらの要素は，主節の動詞によって選択される目的語位置に存在すると考

えられ，wh 句の抜き出しが可能である．なお，(104b)は表面上，(103) と同じように見えるが，wh 句の抜き出しの可能性の違いにより，(103) とは異なる構造をしていることがわかる．

wh 句の抜き出しに関して，小節の主語は，TP の指定部に存在する定形節の主語と同じような振る舞いを示す．このような小節の主語の振る舞いは，(100)のような構造を仮定することによって，原理的に説明することができるのである．

最後に，(105)のような with によって導かれる絶対構文（'with absolute' construction）も，小節をとる構文として分類されることがある．McCawely (1983) や Rothstein (2001) などが観察しているように，この構文でも，通常の小節と同じく，述語位置にはさまざまな述語が現れることが可能である．

(105)　a.　With John *sick*, we will never get our job done on time.
　　　　b.　With Mary *out of danger*, we can relax.
　　　　c.　With Mary *mayor / a lawyer*, there won't need to be worried about it.
　　　　d.　With strikes *taking place in every major city*, the country is falling apart.

このような絶対構文の中に現れる主語は，前置詞 with によって格付与が行なわれていると考えられるが，その意味役割は絶対構文内部の述語——たとえば (105a) では sick——によって決定される．そして，述語の種類により，虚辞の it や存在構文（existential construction）の there が現れることが可能である．

(106)　a.　With it raining so hard, we should probably take a cab.
　　　　b.　With it likely that we will be this late, I think we should scrap the visit.
　　　　c.　With there being no possibility of advancement in her present job, Linda is determined to find a new job.

また，(107)の例文が示すように with によって導かれる絶対構文におい

ても，数量詞遊離が可能である（Williams (1983b) 参照）．

(107) With the students probably all wanting to find out their grades, we had better finish grading the papers tonight.

このような点において，with によって導かれる絶対構文は，consider などの動詞に導かれる小節と同じような振る舞いをすることがわかるであろう（McCawley 1983）．(107) のような例において，数量詞遊離が可能であるということは，述語部分に叙述関係を認可する PredP の投射が存在し，表層では主語がその外部に現れているということを示唆している．なお，(105) に見られる with の絶対構文では時制要素が現れないが，(107) に見られるように，probably という文副詞の出現が可能である．probably のような文修飾要素は，TP に付加されるものと考えられる．このような事実から，with によって導かれる絶対構文は，(108) のような構造を持つと仮定することができるであろう．

(108) [$_{PP}$ with [$_{TP}$ SUBJ$_i$ [$_{PredP}$ t_i [XP]]]] ...

小節では，このような副詞要素が現れることはないので（Stowell 1983; Heycock 1991），with で導かれる絶対構文が小節とは異なる性質を持っていることは明らかであろう．絶対構文は，with によって主語に対する格付与が行なわれるものの，consider などの補部に現れる通常の小節よりもかなり定形節に似た統語構造を持っていることになる．

1.6 コピュラ文の叙述

コピュラ文（copular sentence）は，be 動詞により 2 つの名詞句が結ばれる構文で，be 動詞の前後に現れる 2 つの要素がどのような文法関係を持つかについて，しばしば議論されてきた．たとえば，Higgns (1973) はコピュラ文に対して，文中に現れる要素（X is Y）の機能や意味などをもとに分類を行なっている（Akmajian (1970) 参照）．Higgins (1973) によれば，1) That is John Smith. のように，指示的な X に対して Y で同定を行なう同定文（identificational sentence），2) The man is a student. のよ

うに，Xの性質・状態に対して，非指示的な要素Yが叙述を行なう叙述文 (predicational sentence)，3) The plan was for you to leave. のように，Xの意味的に欠けている部分をYによって指定する指定文 (specificational sentence) がある．さらに，4) The morning star is the evening star. のように，XとYがともに指示的で，同一の関係を指定する同一文 (identity sentence) の存在も認めている．ただし，コピュラ文は，唯一的に意味が決定されないことも多く，しばしば多義的になり，1つの文に対して複数の分類が可能になることが多いということにも，注意しておく必要がある．

本節ではまず，Higgns (1973) が取り上げている (109) のような文の構文的な特徴を検討し，Higginsの言う (109a) の叙述文と (109b) の指定文に対して，どのような分析が可能かについて考えることにする．

(109)　a.　What John$_i$ is is important to him$_i$.　（叙述文）
　　　　b.　What John$_i$ is is important to himself$_i$.　（指定文）

(109) の2つの文の表面上に現れている違いは，文末に来る代名詞要素の選択だけである．しかし，以下でも見るように，その統語的振る舞いは異なる．また，この2つの文の解釈も異なる．(109a) は，whatが自由関係節であると考えられ，たとえば職業など，Johnのある種の属性が重要であるということを述べている文である．Higgins (1973) の分類に従えば，(109a) は，Johnの属性をbe動詞の後にくる述語が叙述しているので，叙述文ということになる．これに対して (109b) は，John is important to himself. の主語と述語部分が分裂している文で，要するに，John自身が自分にとって重要であるということを述べている．(109b) においては，be動詞の前にくるwhat John isの部分で欠けている要素が，be動詞の後に現れ，この要素によって前部要素の意味が補完されている．したがって，Higgins (1973) の分類では，(109b) は指定文ということになる．（なお，(109a) を指定文，(109b) を叙述文として解釈することは，代名詞・照応形の束縛関係の制限があるためにできず，この2つの文には曖昧さは生じない．）

Higgins (1973) は，指定文も叙述文も be 動詞の前にくる要素が主語であると考えていたが，Williams (1983b) は，この2つの文においては，主語が存在する位置が異なると主張している．

(110) a. What S is XP　（叙述文）
　　　 b. What S is XP　（指定文）

Williams (1983b) の主張は以下のようになる．叙述文は，what S に当たる部分 (What John is) が主語として働く．ところが，指定文は，be 動詞の後にくる要素が主語となる倒置文である．つまり，XP に当たる要素 (important to himself) が，主語ということになる．そうすると，この指定文では，Happy is the man who sleeps. のような文と同じような文法関係が見られるということになる．

この主張を支持する証拠として，Williams (1983b) は，指定文と叙述文が幾つかの統語操作に対して異なる振る舞いをすることを指摘している．(111) および (112) が示しているのは，主語・助動詞倒置が起こる可能性が，文のタイプにより異なるということである．

(111) a. 　Is what John is important to him?　　（叙述文）
　　　 b. *Is what John is important to himself?　（指定文）
(112) a. *Is important to him what John is?　　（叙述文）
　　　 b. 　Is important to himself what John is?　（指定文）

主語・助動詞の倒置が可能なのは，叙述文では，be 動詞の前に what S の要素 (what John is) が現れる時であり，指定文では XP の要素 (important to himself) が現れる時である．主語・助動詞の倒置は，(述語ではなく) 主語が関わっている場合に起こると考えられるので，叙述文は what S が主語，指定文は XP が主語ということになる．また，以下のような文の文法性の違いによっても，同じような結論が出てくる．

(113) a. 　What John is seems to be important to him.　　（叙述文）
　　　 b. *What John is seems to be important to himself.　（指定文）
(114) a. *Important to him seems to be what John is.　　（叙述文）

b.　Important to himself seems to be what John is.　（指定文）

（113）および（114）は，従属節の動詞に選択される主語が seem の主語位置に上昇する，いわゆる主語上昇構文である．この主語上昇構文においても，主語・助動詞倒置で観察されたのと同じような分布が観察される．すなわち，叙述文では，what S に当たる要素が be 動詞の前に現れた場合に，主語上昇が可能になり，指定文では，XP に当たる要素が be 動詞の前に現れた時に，主語上昇が可能になる．主語上昇は，文法的な主語に対して可能な操作である．したがって，叙述文の主語は what S に当たる要素で，指定文の主語は XP に相当する要素であるということが確認できる．

　叙述文と指定文の be 動詞の前後に現れる要素の文法機能の違いは，これらの文が consider の選択する小節に埋め込まれた場合にも現れる．まず，(115) で示されているように，指定文においては，important to himself を述語の位置に置くことができない．

（115）　a.　*I consider what John is important to himself.
　　　　b.　I consider important to himself what John is.

consider に導かれる小節内の述語位置に現れる要素は，もともと述語的な機能を持っている要素でなければならない．そうすると，(115) の事実は，指定文において，what John is が述語として機能していることを示唆している．これに対して，叙述文では，以下のように両方の語順が可能となる．

（116）　a.　I consider what John is important to him.
　　　　b.　I consider important to him what John is.

Williams (1983b) によれば，(116a) が基本語順で，important to him が述語ということになる．なお，叙述文で (116b) の語順が可能なのは，いわゆる重名詞句移動（heavy NP shift）による名詞句の右方移動が可能であるため，と Williams は考えている．そうすると，(116b) においては，important to himself の後に what John is が現れるが，これは，what John is が述語位置を占めているという理由からではないということになる．

　指定文において特徴的な現象は，いわゆる，連結効果（connectivity effect）である．himself のような照応形は，通常，先行詞によって c 統御される必要があるが，(109b) のような文においては，先行詞が照応形を c 統御できない位置にあるのにもかかわらず，照応が成立している．この効果に対しての説明としては，古くには Akmajian (1970) のような，適正な束縛関係が保証されている基底構造をもとに，述語要素の移動あるいは削除を用いて表層の構造を派生させる分析，Williams (1983b) のように，照応形が主語の内部に存在する時には，述語の中の要素を先行詞としてとることができるという条件を付加することによって連結効果を保証する分析，また Heycock and Kroch (1999) のように，照応形が適切に束縛できるような構造を論理形式（LF）で派生させることによって説明しようとする分析がある．

　Higgins (1973) のコピュラ文の分類では，be 動詞の前に現れる要素が主語とされていた．しかしながら，Williams (1983b) の議論が正しければ，Higgins (1973) の分析したコピュラ文には，倒置が起こっている場合も含まれるので，分類を再考する必要がある．実際，コピュラ文の分類に関しては，Higgins (1973) 以降，幾つかの代案が出されている．たとえば，Heggie (1988) は，be 動詞が関与するコピュラ文は大きく分けて，述語文（predicative sentence）と等式文（equative sentence）とに分かれるという提案を行なっている．

(117)　述語文
　　a.　That animal is a dog.
　　b.　Mary is very clever.
(118)　等式文
　　a.　Mary is the dentist.
　　b.　The prime minister is the cause of the problem.

Heggie (1988) の分類は，Higgins (1973) の分類とは厳密に対応しないと思われるが，大まかに言って，述語文は，項に対して何らかの属性を

持っていることを指定する述語を含むのに対して，等式文は，2つの名詞句の間である種の同一性を認定する．Rothstein (2001) もやはり，be 動詞に叙述（predication）と同一（identity）の意味を表す異なるタイプのものがあるとしている．

　これらの分析は，述語名詞（predicate nominal）の現れる述語文が，通常の叙述を行なう文とよく似た振る舞いをするという観察に動機づけられている．述語文では，たとえ be 動詞の後に現れる要素が名詞句であっても，述語として分析される．たとえば，(117a) の述語文において（be 動詞は主語に対して意味役割を与えないと考えられ），be 動詞の左に現れる主語は，(119) のように述語として働く要素の指定部から上昇すると分析できる．

(119)　[$_{TP}$ That animal$_i$ is [$_{SC(= PredP)}$ t_i [$_{DP}$ a dog]]]

Heggie (1988), Moro (1997), Heycock (1991) などは，be 動詞に埋め込まれた補部は小節の構造を持つとしている．分離動詞句を仮定する分析においては，叙述の構造を作り出す小節（SC）は PredP からなると考えてよいであろう．述語文では，be 動詞の内部に生起する主語が TP の指定部に上昇することになる．

　述語名詞が関与する述語文に対して，等式文ではあたかも述語がないように見える．実際，(118) のような等式文では，指示的な名詞句が 2 つ含まれ，この 2 つの名詞句間で同定が行なわれる．そして，等式文の特徴として，どちらの名詞句が先行してもよいということがあげられる．

(120)　a.　John is the culprit.
　　　 b.　The culprit is John.
(121)　a.　The prime minister is the cause of the problem.
　　　 b.　The cause of the problem is the prime minister.

Heycock and Kroch (1999) が観察しているように，このような倒置は，通常の叙述を行なう文や述語名詞の現れる述語文では，起こらない（ただし Rothstein (2001) は，かなり文体的に有標であるが，可能であるとし

ている).

(122) a. John is a doctor.
b. *A doctor is John.
(123) a. John is proud of his daughter.
b. *Proud of his daughter is John.

さらに，Heycock (1991) が観察しているように，等式文では，倒置が起こっていると考えられる場合でもそうでない場合でも，(124) のように，主語上昇が可能である.

(124) a. John seems to be the culprit.
b. The culprit seems to be John.

しかしながら，(120) や (121) の等式文は，必ずしも2つの名詞句が完全に同じステータスで結ばれているわけではない．コピュラ文では，名詞句の間に叙述性や指示性に関して違いが見られ，(120a) と (121a) はより叙述的で指示性の低い名詞句が be 動詞の後に現れていると感じられる．(120b) と (121b) の文では，そのような名詞句が be 動詞の前に現れることになる．そのような観察をもとに，Heggie (1988) や Moro (1997) は，(120) や (121) のような等式文であっても，一方の名詞句が主語，他方の名詞句が述語として機能すると提案している．

Heggie (1988) や Moro (1997) によれば，(120a) や (121a) のタイプの文は，通常の規範的コピュラ文 (canonical copular sentence)，(120b) や (121b) のタイプの文は主語と述語の倒置の起こった文，すなわち逆コピュラ文 (inverse copular sentence) ということになる.

(125) a. 規範的コピュラ文: $[_{TP}\ DP_i\ [_{SC(=PredP)}\ t_i\ DP]]$
b. 逆コピュラ文: $[_{TP}\ DP_i\ [_{SC(=PredP)}\ DP\ t_i]]$

(125) のコピュラ文の分析で注意することは，規範的コピュラ文は主語が移動を受け，逆コピュラ文では述語が移動を受けるということである．(ただし，以下でも少し議論するが，Heycock and Kroch (1999) は，(120b) や (121b) のような文は，倒置文ではなく，2つの項が等価的に

結ばれた文(一種の等価文)とみなすべきであると主張している.)
　ここで，2つのタイプのコピュラ文の統語的な特性について考えてみることにする．まず，規範的コピュラ文と逆コピュラ文は，consider に導かれる小節の中に埋め込むと，以下のように文法性に対比が生じる．

(126)　a.　They considered John the culprit.
　　　 b.　*They considered the culprit John.

これに対して，小節内に be 動詞が現れた場合には，このような文法性の対比は生じない．

(127)　a.　They considered John to be the culprit.
　　　 b.　They considered the culprit to be John.

コピュラ文は，consider の補部に埋め込まれると，to 不定詞節として現れることもあるし，小節の形で現れることもある．小節は不定詞節に対して to be 削除 (*to be* deletion) の規則がかかって派生される，と分析されることが多い．しかしながら，以前にも議論したように，to be 削除が常に可能というわけではない (Rothstein 2001)．

(128)　a.　I consider the problem *(to be) that John arrived late.
　　　 b.　I consider John *(to be) Dr Smith.

(128) に対して to be 削除規則が適用できないのは，be 動詞の後の (that 節のような) 要素が，それ自体で述語として働かない名詞的な要素であるためである．(128) のような文では，名詞的な要素を述語に変換するための演算子としての be 動詞が必要となるのである．そうすると，(126) の2つの文の文法性の対比から，(120) のコピュラ文に現れる2つの名詞的要素は，異なる統語的なステータスを持っていることがわかる．規範的コピュラ文 John is the culprit. では，John が主語，the culprit が述語的に働く．したがって，このような文は (126a) のように，to be 削除が行なわれた小節でも現れることができる．これに対して，逆コピュラ文 The culprit is John. では，主語と述語の倒置が起こっているため，be 動詞の

後にくる要素が本来的には述語でないことになる．したがって，そのような要素に適切な解釈を与えるためには be 動詞の省略ができず，(126b)のように小節に埋め込むことができないということになる (Rothstein 2001)．なお，Heggie (1988) の統語的な分析では，述語名詞は，焦点化を受け be 動詞の投射に VP 付加されるために，be 動詞の投射のない (128) のような文は容認されないことになる (Rochmont (1986) 参照)．

また，Moro (1997) が観察しているように，名詞句の内部の要素を抜き出す wh 移動にも，2 つのタイプのコピュラ文で違いが見られる．

(129) a. The picture of the president was the cause of the riot.
   b. Which riot$_i$ was the picture of the president the cause of t_i?
(130) a. The cause of the riot was the picture of the president.
   b. *Who$_i$ was the cause of the riot the picture of t_i?

(129a) のような規範的コピュラ文では，(129b) のように be 動詞の後の名詞句の内部から wh 句の抜き出しが可能であるが，(130a) のような逆コピュラ文では，(130b) が示すように，そのような操作は許されない．(130b) が逆コピュラ文であることは，文が小節内に埋め込まれた以下の例により，確認できる．

(131) a. John considers the picture of the president the cause of the riot.
   b. *John considers the cause of the riot the picture of the president.

ここで技術的な詳細には入らないが，Moro (1997) の分析では，小節内の主語位置は，定形節の主語位置と同じように節境界を構成する投射にあることになり，(130) の wh 句の抜き出しにかかる制限は，基本的には左枝条件によって導き出されることになる．

2 つのタイプのコピュラ文の分布の違いは，これ以外にもある．たとえば，名詞句全体の wh 移動の可能性についても 2 つのタイプのコピュラ文で異なることが，Moro (1997), Heycock and Kroch (1999), Rothstein (2001) で指摘されている．

(132) a. That phrase of music is one of the themes. （規範的コピュラ文）
　　　 b. Which of the themes$_i$ do you think that phrase of music is t_i?
(133) a. One of the themes is that phrase of music. （逆コピュラ文）
　　　 b. *Which phrase of music$_i$ do you think one of the themes is t_i?

また，Heycock and Kroch (1999) が観察しているように，(133a) の逆コピュラ文では，主語からの抜き出しもできない．

(134)　*Which of the themes$_i$ do you think t_i is that phrase of music?

したがって，逆コピュラ文に現れる述語的な名詞要素は，基本的に wh 移動を起こすことができないということになる．
　名詞句が2つ現れるコピュラ文では，名詞句の1つが述語として働くということを示すために，Heggie (1988) は分裂文 (cleft sentence) のテストを用いている．(135) と (136) で示されているように，分裂文では名詞要素が焦点部分に入ることには問題がないが，述語要素は焦点部分に現れることができない．

(135) a. How sick is John?
　　　 b. *It's sick that John is.
(136) a. It was my doctor that saw the murderer.
　　　 b. It was the murderer that my doctor saw.

特に，(135) で示されているように，形容詞のような述語要素は wh 移動が可能であっても，分裂文の焦点に入ることができない．Heggie (1988) によれば，分裂文は，空演算子 (null operator) の移動が関わり，空演算子が述語位置に生起できないので，(135b) は排除されることになる．ここでコピュラ文に目を向けると，分裂文の形成に対して，以下のような文法性の対比が観察される．

(137) a. It is John Smith that is my doctor.
　　　 b. *It is my doctor that John Smith is.

(138) a. It's that man over there that seems to be the culprit.
b. *It's the culprit that seems to be that man over there.

Rothstein (2001) が指摘しているように,場所格倒置文 (locative inversion) ではこのような分布が観察されず,主語位置に現れる場所格の前置詞句が分裂文の焦点位置にくることが可能である.

(139) a. Under the table is a good place to hide.
b. Under the table seems to be a good place to hide.
c. It is under the table that is a good place to hide.

(139a) のような場所格倒置文の場所格前置詞句は,(139b) で示されているように,主語上昇も受けるし,また,(139c) で示されているように,分裂文の焦点位置に入ることができる.このことは,場所格句が通常の文の主語と同じように機能することを示している.また,(140) が示すように,場所格倒置文では,be 動詞の後にくる名詞句が,be 動詞の現れない小節の述語位置に現れることができる.

(140) I consider under the table (to be) a good place to hide.

したがって,場所格倒置文は,場所格句が主語,be 動詞の後に現れる名詞句が述語として働いている文,ということになる.

このような事実から見るかぎりにおいて,名詞句が2つ現れるコピュラ文は,ほとんどの場合,名詞句の1つが述語的に働いていると考えてよいであろう.ただし,どちらの名詞句が述語的に機能するかについては,かなり微妙な面がある.

(141) That man over there is Jack Jones.

(141) のような文において,that man over there が指示的に用いられた場合には,Jack Jones が述語的に用いられることになると Heggie (1988) は述べている.実際,be 動詞の前の名詞句が指示的に用いられるこのような文では,be 動詞の後に現れる固有名詞の Jack Jones が一種の属性を指定するように用いられる.したがって,そのような文から分裂文を派生

した場合には，焦点部分に入る名詞句の種類によって，以下で観察されるような文法性の対比が生じる．

(142) a. It's that man over there that is Jack Jones.
b. *It's Jack Jones that that man over there is.

しかしながら，すべてのコピュラ文に対してこのような分析ができるかどうかについては，疑問の余地が残る．たとえば，'business is business' という同語反復 (tautology) のような，完全に等価な要素を結んでいる例もある．このような場合，どちらの要素が述語的に用いられるか決定できない．さらに，Heycock and Kroch (1999) が観察しているように，たとえば (143a) のような文は，どちらの要素が先行しても，小節の中に埋め込むことができないなどの特徴を示す．

(143) a. Your attitude toward Jones is my attitude toward Davies.
b. *I consider your attitude toward Jones my attitude toward Davies.
c. *I consider my attitude toward Davies your attitude toward Jones.

したがって，このような文を分析する際には，一方の名詞句を主語，そして他方の名詞句を述語とする分析は，問題となる．Heycock and Kroch (1999) は，このような事実から，名詞句の一方の要素を述語とする分析よりも，2つの要素が等価的に結ばれているとする分析を採用している．

1.7 ま と め

本章では，文中において義務的要素として働く一次述語に関する叙述の構造を分析した．単文に現れる述語に関して，照応束縛・数量詞遊離の現象などから，述語を含む動詞句 VP の上に PredP が投射する叙述の構造を提案した．consider などによって導かれる小節や with の絶対構文においても，(PredP を含む) 分離動詞句の構造が存在すると仮定することにより，主文と同じように説明できることを示した．コピュラ文の議論におい

ては,be 動詞の前後に現れる名詞的な要素の働きについて考察を加え,コピュラ文にどのような叙述関係が存在するかを検討した.

第2章　二　次　叙　述

2.1　二次叙述の分類

　本章では，叙述の中でも一次叙述と異なる性質を示す二次叙述について考察を行なう．二次叙述に分類される述語のタイプは大きく分けて，描写述語（depictive predicate）と結果述語（resultative predicate）の2つのタイプが存在する．(1)は，描写述語の代表例である．

（ 1 ）　a.　Mary ate the carrots *raw*.
　　　　b.　John drove home *happy*.

描写述語は，行為の起こった時点における状況あるいは状態を描写し，主語あるいは目的語を叙述のターゲットとする．そして，描写述語には，(1a)のように文の主語に付加的な叙述を加える主語指向性述語と，(1b)のように目的語に対して付加的な叙述を加える目的語指向性述語がある．描写述語は，もともと動詞によって選択されている要素に対して，二次的な叙述をかけるために，描写述語が省略されたとしても，文としては完全な形になる．

（ 2 ）　a.　Mary drank the coffee (very hot).
　　　　b.　Mary left the room (angry).

これに対して，叙述要素が小節の形式をとる場合には，(3)で示されているように，述語要素の省略は容認されないか，あるいは省略が可能であっても，多くの場合，意味が異なってしまう．

(3) a. John thought that problem *(difficult).
    b. John considered that problem (≠ John considered that problem difficult).

もう1つのタイプの二次叙述は，いわゆる結果叙述と呼ばれるもので，以下のような文が典型的なものとなる．

(4) a. They painted the house *red*.
    b. Mary watered the tulips *flat*.
    c. They hammered the metal *flat*.

結果述語は，基本的に省略が可能という点で，描写述語と同じような振る舞いをする．ただし，以下でも議論するように，結果述語の付加によって文の意味が変化する場合がある．この点では，結果述語は小節に現れる述語とよく似た振る舞いをすることになる．また，結果叙述は，描写叙述とは異なり，叙述する対象が行為の結果として生じた状況あるいは状態を記述する．たとえば，(4a)の場合の結果述語は，「ペンキを塗った結果，家が赤くなった」という状況を指すのであって，もともと家が赤いという状態を指すのではない．以下でも議論するが，結果述語は，対象が変化を起こすことが必要なので，結果述語の叙述可能な対象は，状態変化を起こすと考えられる存在物を指示する名詞句(最も典型的には目的語)に限られる．

2.2 主語指向性二次述語と目的語指向性二次述語

描写述語において議論の中心となる問題は，描写述語がどのような構造位置に生じるかということである．Williams (1980) は，叙述の関係が c 統御の関係で規定できるとしている．そして，主語指向性の描写述語と目的語指向性の描写述語の指向性の違いは，統語上異なる位置に生ずることに起因するとしている (Culicover and Wilkins (1984, 1986) 参照)．本論でも，描写述語の構造的な位置関係について考察をするが，その議論に入る前に，描写述語の範疇，述語の意味的な制約，叙述の対象など，描写述語の特性の幾つかについて見ていくことにする．

まず，描写述語を含む二次述語は，最も典型的に形容詞句が現れ，時に，前置詞句や名詞句が現れることもある（Rothstein 1983; McNulty 1988）．動詞そのものが二次述語として現れることはない(ただし，動詞の現在分詞や過去分詞など形容詞的に機能するものには，二次述語として使用可能なものがある)．

(5) a. We ate the carrots *raw*.
b. We ate strawberries *with cream and sugar*.
c. John left medical school *a doctor*.
d. *We like John *run*.

また，Rothstein（1983）によると，描写述語の選択には意味的な要因が絡んでおり，述語の種類によって二次述語として容認されるものと容認されないものがある．

(6) John ate the peanuts salted / *salty.

Rothstein（1983）は，二次述語による叙述の意味的な条件として，述語が対象に備わっている本来の性質（intrinsic property）を記述していると同時に，一時的な（temporary）属性を記述していなければならないとしている．そうすると，(6)において，salted が the peanuts を叙述できるのは，the peanuts の一時的でかつそれに備わっている本来の性質を記述しているからである．これに対して，同じような形容詞述語でも salty が許されないのは，salty が the peanuts の一時的な個体本来の属性を記述しているわけではなく，the peanuts に対して舌で感じられる性質を記述しているからである．なお，このような制限は小節では観察されず，(7)のような文は小節内の形容詞述語の種類にかかわらず容認される．

(7) John found the peanuts salted / salty.

salty は（もともと塩辛いという）永続的な性質を記述していると考えられるので，(6)に現れる二次述語の文法性の違いは，結局，暫定的な個体の性質の記述が関与するかどうかが問題となるであろう．そうすると，これ

は，描写述語として使用される述語のレベルの違い，すなわち，ステージレベル（stage-level）と個体レベル（individual level）の違いに由来するものと考えることができるであろう（Kratzer 1995）．実際，描写述語の性質に関して，さまざまな研究者（Rapoport（1991, 1993a），Miyamoto（1994）など）が，描写述語で適正な叙述を行なうには，述語はステージレベル述語（stage-level predicate）でなくてはならず，個体レベル述語（individual-level predicate）は許されないと主張している．事実としても，以下の例が示すように，ステージレベル述語に対して，個体レベル述語は，描写述語として使用されると非文として判断されることが多い（McNally（1994）参照）．

(8) a. Mary sold the book used / *interesting.
    b. John wrote the essay drunk / *tall.
    c. Mary cut the bread hot / *white.

ただし，Rapoport（1993b）が指摘しているように，個体レベルの述語が描写述語として使用できる場合がある．

(9) a. I like my furniture heavy.
    b. I prefer my glasses dark.

(9)のような例は，*I sold my furniture heavy. や *I broke my glasses dark. のように，動詞を状態変化を表すものに入れ替えると容認されなくなることから，Rapoport（1993b）は，(9)に現れる二次述語を状態描写述語（stative depictive predicate）と呼び，通常の描写述語とは区別している．

描写述語が叙述の対象とする項にも，一定の制限がある．まず，描写述語は，主要項（core argument）である主語あるいは目的語を叙述のターゲットとし，前置詞句の目的語に対しては，描写述語で叙述することはできない．

(10) a. I met *Mary drunk*.
     b. *I met [with *Mary*] *drunk*.

(11) a. I presented *it* to John *dead*.
　　 b. *I presented John [with *it*] *dead*.

また，二重目的語動詞の間接目的語は，直接目的語とは異なり，描写述語の叙述のターゲットとはならない．

(12) a. *John gave *Mary* the book *drunk*.
　　 b. *The nurse gave *John* the medicine *sick*.

(12a) の drunk は主語の John と叙述関係を持つことはできるが，間接目的語の Mary を叙述しているとは解釈されない．なお，以下のような例が容認されることから，目的語を叙述する描写述語は目的語と隣接関係になくてもよいことがわかる．

(13) John put *the lettuce* on the counter last night *still wet*.

二重目的語動詞の間接目的語に対して描写述語が叙述関係を持てないという事実を説明するために，Williams (1980) は，動詞の主題 (theme) でない項を描写述語は叙述できないと主張している (Culicover and Wilkins 1986)．また，Rothstein (1983, 2001) は，描写述語の叙述対象は，動作主 (agent) と主題 (theme) であり，目標 (goal) に当たる項は，描写述語による叙述ができないとしている．

しかしながら，描写述語のターゲットとなる名詞句は，名詞句が与えられる意味役割によって規定できないことは容易にわかる．まず，Nakajima (1990) が観察しているように，間接目的語が受動化によって受動文の主語となった場合には，描写述語による叙述が可能になる．

(14) a. *They gave *Bill* a fine *drunk*.
　　 b. *Bill* was given a fine *drunk*.

当然のことながら，(14a) の Bill と (14b) の Bill は同じ意味役割を持っているので，(14) の分布を意味役割の制限によって説明することはできない．また，以下のような例の擬似受動文の叙述の可能性の違いにも，同

じような分布が観察できる．

(15) a. *He was staring at *Mary nude*.
b. *Mary* was being stared at *nude*.

(15a) の Mary は，nude による二次叙述が可能ではないが，(15b) のように擬似受動文の主語となると，このような叙述が可能になる．そうすると，描写述語は，主語あるいは目的語に対して叙述関係を持つことが可能であると，統語的な規定をするほうがよいことになる．なお，以下のような例は，(15) とは異なる性質を持つことに注意する必要がある．

(16) a. John slept in the bed unmade.
b. The bed was slept in unmade.

(16) の例は，ともに，the bed が unmade と叙述関係を持てる．Culicover (1988) は，(16) の the bed が sleep から意味役割が与えられているために，(16) のような叙述が可能であると主張している．これは結局，sleep in が 1 つのまとまった述語表現として機能する結果，the bed が通常の目的語と同じような統語的な働きを持つようになるためであると考えられる (Culicover and Wilkins 1986)．

ここで，描写述語がどのような属性・内部構造を持ち，どのような統語位置に生起するのかという問題に目を向けることにする．まず，描写述語は，基本的に付加詞的要素であり，文の主語または目的語を叙述することができるので，多くの場合，述語要素内に空範疇の PRO を仮定する分析が採られる（ただし，Williams (1980) のように，PRO のような要素を設定しない分析もある）．

(17) a. John$_i$ left the room [$_{SP}$ PRO$_i$ angry].
b. John ate the meat$_i$ [$_{SP}$ PRO$_i$ raw].

本論では，二次述語の内部構造についても，「分離動詞句の仮説」を採用することにする．なお，二次述語と共起する述語句も，機能的には主語を導入し述語を補部にとるので，PredP に相当することになるが，主文にあ

るPredPと区別するためにSPと表記することにする．また，ここではBowers (1993) の分析にならって，PROはSPの指定部にあると考えておく．述語内にPROを仮定する分析では，二次述語がターゲットとする主語あるいは目的語の叙述関係は，PROに媒介されていることになる．

描写述語は，主語指向性述語であっても目的語指向性述語であっても，基本的には付加詞なので，最大投射に付加されるものと考えることができる．その付加位置に関しては，主語指向性の描写述語と目的語指向性の描写述語が構造上異なる位置に生起するという証拠が，幾つか存在する．

主語指向性の描写述語は，Williams (1980) のように，S (= TP) に付加される要素として分析される場合と，Roberts (1988) が分析しているように，VPに付加される要素として分析される場合がある．

(18) a. [$_{TP}$ John$_i$ [$_{VP}$ left the room] [$_{SP}$ PRO$_i$ angry]]
　　　b. [$_{TP}$ John$_i$ [$_{VP}$ left the room [$_{SP}$ PRO$_i$ angry]]]

主語指向性の描写述語が (18) のようなTPに付加された構造を持てば，描写述語は，表層でTPの指定部に現れる主語と叙述関係を持つことになる．Roberts (1988) が分析するように，もし主語指向性の描写述語がVPに付加されたとすると，表面上の主語の位置ではなく，もともと生成されるVP内の主語位置で叙述関係を持つことになる (もしこの分析が正しいとすると，Roberts (1988) が主張するように，主語指向性描写述語の叙述に関する事実は，動詞句内主語仮説を支持する1つの経験的な動機となる)．描写述語の分析は，多分にどのような理論的な仮定をしているかによって変わってくる可能性があるが，以下では描写述語に関する基本的な事実を観察したうえで，その統語位置について考察していくことにする．

描写述語の現れる構造的な位置に関しては，Andrews (1982) や Roberts (1988) が議論しているように，VP要素の操作が関わる動詞句前置 (VP fronting)・though 移動 (*though*-movement)・擬似分裂 (pseudo-clefting) などの統語操作の可能性によって調べることができる．

(19) 動詞句前置
　　　a. John wanted to leave the room happy — and leave the room

happy he did.
  b. *John wanted to leave the room happy — and leave the room he did happy.
(20) though 移動
  a. Leave the room happy though John may . . .
  b. *Leave the room though John may happy . . .
(21) 擬似分裂
  a. What John did was leave the room happy.
  b. *What John did happy was leave the room.

上のような統語操作では，描写述語がVP移動の結果取り残されることがなく，動詞句内の要素とともに移動を受けることになる．このことは，少なくとも，描写述語がTPではなく，VPに関与する付加詞であるということを示している．ただし，すべての話者がこのような判断をするわけではなく，たとえば，後ろに主語指向性の二次述語を残すことを容認する話者もいる．Nakajima (1990) や Rochemont and Culicover (1990) が観察しているように，そのような話者の場合，二次述語は焦点化される必要があり，焦点化されない場合には，容認性がかなり低くなる．

また，McNulty (1988) は，以下のようなVP削除 (VP deletion) の例に容認性の違いがあることを観察している．

(22) a. John will leave tomorrow, and Mary will [$_{VP}$] tomorrow.
  b. *Mary drove home drunk and John will [$_{VP}$] angry.

(22a) の tomorrow のような時間副詞は，TP の投射内で付加されると考えられる．そのような要素は，VPが削除されても出現可能である．しかし，(22b) のような描写述語の angry は，そのような操作が許されない．このことも，描写述語がTPではなく，VPに関与している付加詞であることを示唆している．

目的語指向性の描写述語に対しても，動詞句に対する操作に同じような現象を確認することができる．Roberts (1988) は以下のようなデータを

あげている.

(23) 動詞句前置
  a. John wanted to drink the beer flat — and drink the beer flat he did.
  b. *John wanted to drink the beer flat — and to drink the beer he did flat.
(24) though 移動
  a. Drink the beer flat though John may . . .
  b. *Drink the beer though John may flat . . .
(25) 擬似分裂
  a. What John did was drink the beer flat.
  b. *What John did flat was drink the beer.

Rothstein (2001) も指摘しているように, 目的語指向性の描写述語に関しては, 主語指向性の描写述語とは異なり, 話者のタイプにかかわらず, その述語を残したまま動詞句に対する統語操作を適用することができない. つまり, 動詞句の前置操作において, 主語指向性の描写述語を後ろに残すことを許す話者であっても, 目的語指向性の描写述語を残したままでの動詞前置の操作は, 容認されないのである. したがって, そのような操作が行なわれた場合には, 文は常に非文法的であると判断される. また, VP 削除に関しても, 同じ現象が観察できる.

(26) *Mary ate the meat raw and Jon will [$_{VP}$] overcooked.

ここで観察した, 動詞句の移動やその他の統語操作に関する, 主語指向性述語と目的語指向性述語の振る舞いの違いは, それらが現れる構造的な位置の違いを示唆している. 主語指向性述語に関しては, 話者により述語が動詞句の外に現れるのを許す. 目的語指向性述語に関しては, そのような変異の可能性がなく, 主語指向性述語よりも目的語指向性述語のほうが動詞句内に深く埋め込まれていることになる.

do so の置き換え (*do so* substitution) 操作でも, 似た状況が観察でき

る．do so の置き換えは，主語指向性の描写述語を置き換えられる要素に含まなくてもよいが，目的語指向性の描写述語は置き換えられる要素に含まれないと，非文となる (Jackendoff 1977)．

(27) a. John walked into the meeting drunk, but Bill did so sober.
b. *John ate the meat cooked, but Mary did so raw.

代用形の do so の置き換えの操作においては，動詞句に付加されると考えられる付加詞は do so によって置き換えられる必要はない (Lakoff and Ross 1976; Zagona 1988)．

(28) a. John solved the problem in England, but I did so in France.
b. John ran the race quickly, but Bill did so more slowly.

動詞句内部に存在する要素(たとえば，動詞によって選択される要素)は，(29)のように，do so によって置き換えられないと非文となる．

(29) a. *Joe put a book on the table, but Sim did so on the chair.
b. *The sixth graders behaved badly, but the third graders did so worse.

(27a) と (27b) の文法性の対比が，(28) と (29) の文法性の対比と並行的であるという事実から，少なくとも，主語指向性の描写述語は動詞句に付加された要素であると言うことができるであろう．また同時に，主語指向性の描写述語と目的語指向性の描写述語は動詞句に関与する付加詞であるが，目的語指向性述語は，主語指向性述語よりも深く埋め込まれていると言える．

McNulty (1988) などの分析では，主語指向性述語は VP に付加され，目的語指向性述語は V′ に付加されるということになる．実際に，主語指向性述語も目的語指向性述語も VP に関与する移動などの操作が可能なことから，このような分析は妥当であると思われる．しかしながら，「分離動詞句の仮説」を採った場合には，(30) の図に示されているように，主語指向性述語は PredP に付加され，目的語指向性述語は，その下に位置

するVPに付加されるという分析を考えることができるであろう．

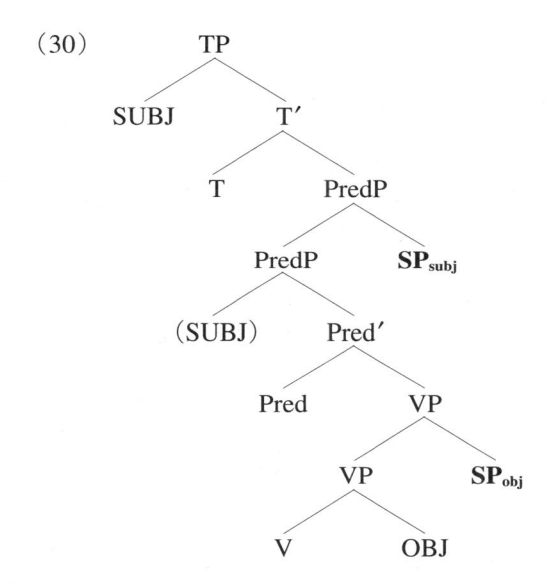

(30)
```
            TP
           /  \
        SUBJ   T′
              /  \
             T    PredP
                 /     \
              PredP     SP_subj
              /   \
          (SUBJ)   Pred′
                  /    \
                Pred    VP
                       /  \
                      VP   SP_obj
                     /  \
                    V    OBJ
```

もし描写述語が(30)のように，異なる位置の最大投射(PredPとVP)に付加されるのであれば，上で見た主語指向性述語と目的語指向性述語のVP操作に関する振る舞いの違いは，描写述語の付加される最大投射の構造位置の違いから説明されることになる．なお，分離動詞句を用いる分析では，付加詞として現れる述語は常に最大投射に付加されることになり，理論的にも望ましい分析となる．

上で見た事実以外にも，2つのタイプの描写述語が異なる構造的な位置関係を持つことを確認することができる事実が，幾つか存在する．まず，Rothstein (1983) が議論しているように，描写述語は，1つの文に複数現れることができる(複数の述語が同じ名詞句を叙述する場合は，述語の間にポーズを置くことが必要となる)．

(31) They eat meat raw, tender.

McNulty (1988) が観察しているように，主語指向性の描写述語と目的語

指向性の描写述語が共起する場合には，その位置関係(順序)に制限が課され，(32)に示されているように，主語指向性述語は目的語指向性述語の外側に現れなければならない．

(32) a.　John$_i$ ate the salad$_j$ undressed$_j$ naked$_i$.
　　　b.　*John$_i$ ate the salad$_j$ naked$_i$ undressed$_j$.

また，Nakajima (1990) が観察しているように，外置 (extraposition) の操作を受ける要素が現れることのできる位置が，描写述語の種類によって変わってくる．(33)は，主語から外置を受けた要素に対して，主語指向性の述語と目的語指向性の述語がともに先行できるということを示している．

(33) a.　[Many people t_i] came in angry [who were wearing funny hats]$_i$.
　　　b.　[Some people t_i] drink milk fresh [who are health conscious]$_i$.

これに対して，(34)で示されているように，目的語からの外置要素は，主語指向性の描写述語の後には起こらないが，目的語指向性の描写述語の後であれば可能である．

(34) a.　*John drove [a car t_i] happy [which was presented to him by his parents]$_i$.
　　　b.　John ate [the fish t_i] raw [which he bought at Leal Seafoods]$_i$.

少なくとも，目的語から外置された場合には，(34a)のように，主語指向性の描写述語の右側に置くことができない．これに対して，主語から外置を起こす場合は，主語指向性の描写述語の右側にも外置が可能である．この事実は，目的語から出る外置要素は，主語指向性の描写述語が付加される位置よりも低い位置に移動しているということを示している．このことにより，描写述語の現れる位置は，主語指向性を持つか目的語指向性を持つかで異なることがわかる．

　描写述語の指向性の違いによって描写述語の現れる位置が異なるという

議論は，Roberts（1988）にも見られる．(35)のように，目的語指向性述語の中に現れる照応形は，その目的語のみを先行詞に，そして主語指向性述語内に現れる照応形は，主語のみを先行詞とすることができることをRoberts（1988）は観察している．

(35) a. *Mary$_i$ met John$_j$ [angry at himself$_j$]$_i$.
b. Mary$_i$ met John$_j$ [angry at himself$_j$]$_j$.
c. Mary$_i$ met John$_j$ [angry at herself$_i$]$_i$.
d. *Mary$_i$ met John$_j$ [angry at herself$_i$]$_j$.

これは，束縛の可能な要素が描写述語のタイプによって異なるということで，この違いは，結局，描写述語の構造的な位置関係の違いに由来することになる．つまり，主語指向性述語の中にある照応形の場合には，照応形が（c統御されて）接近可能な先行詞となる名詞句は，主語のMaryであり，目的語指向性述語の中にある照応形の場合は，それが目的語のJohnとなるので(35)のような分布が観察できるのである．

同様の事実は，(36)の数量詞による演算子束縛（operator binding）と，(37)のeach ... other構文においても観察できる．演算子束縛に関しては，代名詞を束縛する数量詞がc統御しなければならないことが知られている．(36)のような文では，数量詞のeveryoneは目的語の位置にある．

(36) a. *Mary$_i$ met everyone$_j$ [angry at his$_j$ mother]$_i$.
b. Mary$_i$ met everyone$_j$ [angry at his$_j$ mother]$_j$.

(36)のような場合，目的語指向性述語内に存在する代名詞は，everyoneによって束縛されることが可能である．それに対して，主語指向性述語の中にある代名詞は，目的語からの束縛を受けることができず，非文法的になる．

each ... other構文のeachとotherの関係も同様で，eachがotherをc統御する関係にあってはじめて，この構文の解釈が可能になる．

(37) a. *Mary$_i$ met each man$_j$ [angry at the other$_j$]$_i$.
　　　b. 　Mary$_i$ met each man$_j$ [angry at the other$_j$]$_j$.

(37)の例では，each が目的語に付加されている．このような場合には，主語指向性述語の中の other は each に束縛されることなく非文となる．これに対して，目的語指向性述語内の other は each による束縛が可能で，容認される文となる．このような事実から，Roberts (1988) は，主語指向性の描写述語が VP 内に存在し，目的語が V′ の中に存在することを示唆している．

「分離動詞句の仮説」を採用している本論の枠組みでは，主語指向性描写述語は PredP 内に，そして，目的語指向性描写述語は VP 内に存在することになる．本論で考えている枠組みでは，二次述語が最大投射に付加されることになるので，このような束縛現象に対する説明は，Roberts (1988) の説明を修正して，c 統御ではなく m 統御によって行なう必要が出てくるが，基本的な構造関係は同じである(なお，Williams (1980) や Rothstein (1983) などは，叙述関係を規定するのに c 統御という用語を使用してはいるが，先にも議論したように，現在の枠組みでは，m 統御の概念を使用しているのと同じことになる)．

描写述語に関する興味深い事実として，描写述語は wh 移動によって文頭に出すことはできない，という制限が存在することが観察されている (Chomsky 1981)．

(38) a. *How angry did John leave the room?
　　　b. *How hot did John drink coffee?

これに対して，通常の文の形容詞述語や小節の中の形容詞述語を wh 移動で文頭に出すことは，問題がない．

(39) a. 　How angry is John going to be?
　　　b. 　How angry do you consider John?

wh 移動の制限に関しては，Chomsky (1981), McNulty (1988) などのよ

うに空範疇原理（Empty Category Principle）によって説明する試みや，Aarts (1992) のように描写述語の性質から導き出そうとする試みがある．Aarts (1992) は，描写述語には段階性がない述語が多いために，(38) のような疑問文が形成できないとしているが，たとえば，(38a) の描写述語の angry と (39) のような例の angry でそのような違いがあるのかは，それほど明らかではない．また，Rapoport (1999) のように，二次述語と一次述語が一種の等位接続をなすため，抜き出しができなくなっているという主張もある．

文の右側に現れる主語指向性の描写述語は，動詞句内に位置するか，それとも動詞句外の S(= TP) に位置するか，議論が分かれるが，これらの述語が前置された場合には，構造上の位置関係の曖昧さが生じない．そのために，描写述語の指向性の違いによって，以下のような容認性の違いが出てくることになる．

(40) a. Naked, John ate the meat.
b. *Raw, John ate the meat.

描写述語が文頭に現れる構文に関して，もし二次述語が移動を経ずに TP に直接付加されているならば，(40) の 2 つの文に対しては，(41) のような構造を与えることができるであろう．

(41) a. [$_{TP}$ Naked, John [$_{PredP}$ (John) [$_{VP}$ ate the meat]]]
b. *[$_{TP}$ Raw, John [$_{PredP}$ (John) [$_{VP}$ ate the meat]]]

叙述関係は，述語とそれが叙述する名詞句との関係が，ある種の局所関係に依存していると考えられる（Hornstein and Lightfoot 1987; Napoli 1989）．もし叙述関係が述語の表面上の位置で決定されるならば，文頭にある主語指向性描写述語は，同じ最大投射内で主語と局所的な関係を持ち，容認されることになる．これに対して，目的語指向性の描写述語は，目的語とそのような局所関係を持つことができないので，非文となる．（なお，目的語指向性の述語に強勢が置かれた場合には，(40b) も容認されるという観察もある（Ikeuchi 2003）．このような場合には，もともと VP に

付加される目的語指向性述語が，移動によって文頭に出たために容認されるようになったという可能性がある．）

　以上のように，主語指向性の描写述語と目的語指向性の描写述語は，統語的にかなり異なる振る舞いを示す．これまでに見たさまざまなデータから，少なくとも，これらの2つの描写述語が異なる統語位置を占めているということは，明らかであろう．

2.3　結 果 述 語

　本節では，描写述語の議論を離れて，もう1つのタイプの二次述語である結果述語の叙述について考えることにする．結果述語が現れる結果構文 (resultative construction) は，ある行為や出来事の結果状態を付加詞的な述語によって叙述する (42) のような構文である．

(42)　a.　John pounded the metal *flat*.
　　　b.　John painted the house *red*.

結果述語は，生じた結果状態を記述し，(42a) は，「ジョンが金属を叩いた結果，その金属が平らになった」ことを，(42b) は，「ジョンがペンキを塗った結果，家が赤く塗られた状態になった」ことを表す．

　結果述語として用いることができる範疇は，(43) の例で示されているように，形容詞句・前置詞句・名詞句のいずれかである．

(43)　a.　They ran their sneakers *ragged*.
　　　b.　The pounded the dough *into a pancake*.
　　　c.　She painted the barn *a weird shade of red*.

結果述語として使用できる述語には，かなり制限がある．Carrier and Randall (1992) は，形容詞であっても，現在分詞や過去分詞から派生した形容詞は結果述語として用いられないとしている．

(44)　a.　The maid scrubbed the pot shiny / *shined / *shining.
　　　b.　The chef cooked the food black / *blackened / *charred.

ただし,これには例外もかなりあり,Joggers ran themselves exhausted. や I danced myself tired. などは可能である.また,Carrier and Randall (1992) や Boas (2003) が指摘しているように,多くの結果構文は,イディオム的な意味を表すことが多く,動詞によって選択できる結果述語が制限されていることが多い.

(45) a. God smote him dead / *half-dead / *black and white.
  b. He drove her crazy / bonkers / over the edge / to the brink of lunacy / *happy / *to the brink of ecstasy.
(46) a. Jonathan painted the house red / *rusty / *expensive.
  b. Melissa ran her feet sore / *clean / *rested.
  c. Jack drank himself sleepy / *mad / *smart.

Goldberg (1995) は,結果述語として使用できる形容詞には,asleep / awake, open / shut, flat / straight / smooth, free, full / empty, alive / alive, sick, hoarse, sober, crazy などがあるが,ほかのものはあまり使用されないとしている.

(47) a. *He drank himself funny / happy.
  b. *He wiped it damp / dirty.

また,Goldberg (1995) は,結果表現がある種の結果状態を記述するため,?a little sober, ?a little flat, ?a little alive のように程度表現がついた時には容認性が低くなるものが多いとしている.もっとも,結果構文に使用できる述語には,a little sick や a little hoarse のように程度表現を許すものもある.しかし (48) で示されているように,このような表現は結果構文では使用しにくい.

(48) a. ?He talked himself a little hoarse.
  b. ?She ate herself a little sick.

例外も多少存在するが,Goldberg (1995) によると,このような事実は,結果述語がある変化結果の最終的な局面を指すことが多いためであるとい

うことになる．Winkler（1997）は，結果述語がステージレベルの述語である必要があり，結果述語の叙述できる目的語は，出来事を区切る（delimit）ことのできる被影響項（affected argument）でなければならないと述べている（Tenny（1994），Wechsler（1997），Déchaine（1993）参照）．

このほかにも，Boas（2003）が指摘しているように，結果構文には，結果述語のタイプにのみ制限がかかるのではなく，結果述語と組み合わせが可能な動詞にもかなりの制限がある．

(49) a. Evin talked / *whispered / *giggled herself hoarse.
b. Pam sneezed / *exhaled / *snorted / *wheezed the napkin off the table.

結果述語の統語的な分布を考えると，Simpson（1983）や Levin and Rappaport Hovav（1995）などが詳しく記述しているように，結果述語は，基本的に内項に当たる項を叙述することが可能であると考えられる．ここでしばらく，実際に，結果述語の叙述がどのような要素(項)に対して可能であるかを観察することにする．

まず，他動詞の目的語は結果述語の叙述の対象となるが，前置詞の目的語は，結果述語による叙述ができない．

(50) a. John pounded *the metal* flat.
b. *John pounded on *the metal* flat.
(51) a. John loaded *the wagon* full with hay.
b. *John loaded hay onto *the wagon* full.

主語は，一般的に，動詞が通常の自動詞(すなわち，外項を持つ非能格動詞)であっても他動詞であっても，結果述語の叙述のターゲットとはならない．

(52) a. **John* ran / worked / danced tired.
b. *derson* hammered the metal sick.

しかしながら，他動詞の目的語を主語にした受動文の主語は，能動文の目

的語と同様に，結果述語の叙述の対象となることができる．

(53) a. John painted *the house* red.
　　　b. *The house* was painted red.
(54) a. John hammered *the metal* flat.
　　　b. *The metal* was hammered flat.

受動文の主語は，派生によるものであり，(53b) や (54b) のような，受身主語に対して叙述を行なう結果述語は，主語に対して直接的に叙述関係を持つのではなく，目的語の位置に残るコピー(痕跡)を介して叙述が行なわれていると考えられる．

結果述語が表層の主語を叙述する同様の現象は，使役交替（causative alternation）により自他交替を起こす動詞においても観察できる．

(55) a. Mary froze *the ice cream* solid.
　　　b. *The ice cream* froze solid.
(56) a. The student broke *the vase* into pieces.
　　　b. *The vase* broke into pieces.

(55b) や (56b) の自動詞の主語の持つ意味役割は，(55a) や (56a) の他動詞の目的語の持つ意味役割の「主題」と同じである．そして，これらの自動詞の主語は，(57) で見られるような受動文の主語名詞句が持つ意味役割と同じ意味役割を持っている．

(57) a. *The ice cream* was frozen solid.
　　　b. *The vase* was broken into pieces.

(55b), (56b), (57) などの結果述語によって叙述が可能な主語は，もともと目的語の位置に生成されていたが，移動の結果，主語位置に現れたものと言うことができる．そうすると，このような結果述語の叙述の統語的な制約は，Levin and Rappaport Hovav (1995)の主張するような「直接目的語の制限」(direct object constraint) によって捉えることができることになる（Simpson (1983) 参照）．なお，厳密には，結果叙述の可能性

は，目的語という表層構造での文法関係ではなく，基底構造における文法関係である内項という概念によって規定しなければならないことに，注意する必要がある．

結果述語の叙述可能なターゲットは，動詞が選択する項に限られるわけではなく，動詞が選択しない項を叙述することがある．たとえば，(58)の例が示しているように，動詞によって下位範疇化されない名詞句が目的語の位置に現れる結果，結果構文が可能になる場合がある．

(58) a. I danced myself tired.
b. I shouted myself hoarse.

(58)の例は，もともと自動詞用法しか持たない自動詞が，結果述語を伴い，目的語の位置に偽の再帰形 (fake reflexive) が現れる例である．この場合，目的語は主語を先行詞とする再帰代名詞なので，結果述語は，主語の結果状態を記述していることになる．このような結果構文から結果述語を取り除くと，目的語は認可されず，非文となる．

(59) a. *I danced myself.
b. *I shouted myself.

動詞によって選択されない要素に対する結果述語の叙述が許されるのは，目的語の位置に再帰形が現れる場合だけでなく，通常の名詞句(偽の目的語 (fake object))が現れる場合もある．

(60) a. I cried my eyes out / blind.
b. They laughed John off the stage.
c. The loud clock ticked the baby awake.
d. The professor talked us into a stupor.

もちろん(60)において，結果述語は，主語ではなく目的語を叙述している．そして，(60)の目的語も，結果述語が現れないと容認されないという特性を示すことは，偽の再帰形の場合と同じである．

(61) a. *I cried my eyes.

b. *They laughed John.
　　c. *The loud clock ticked the baby.

なお，動詞によって選択されない項が目的語位置に現れる構文は，主語として動作主(外項)をとる非能格動詞が使われる場合に限られ，主語が基底で目的語(内項)として働く非対格動詞では許されない．したがって，以下のような例では，たとえ動詞によって選択されない要素が目的語の位置に現れても，結果構文は成立しない．

(62)　a.　*The curtain rolled itself open.
　　　b.　*The river froze itself solid.

Rothstein (1992) は，このような結果構文の生成の可否について，非能格動詞が構造格の目的格を与えることができるのに対して，非対格動詞は目的格を与えられないという，いわゆる「Burzio の一般化」(Burzio's generalization) により，このようなコントラストが生じると主張している．結局のところ，この制約は，(非対格動詞の唯一項の)内項が目的語の位置に生成するために，目的語を追加するような統語操作ができないということを示している．つまり，外項を持つ非能格動詞の場合には，動詞に選択されない目的語(内項)を追加して結果構文を作ることは可能である．しかし，非対格動詞の場合には，内項が目的語の位置に生成されるので，さらに目的語を追加した結果構文を作ることができないのである．

　他動詞には動詞に選択されない目的語が追加できない，という一般化が成り立つとすると，偽の再帰形や偽の目的語が現れる他動詞の結果構文はないと予測される．しかし，他動詞の結果構文でも，動詞に選択されない項が目的語の位置に現れ，結果述語による叙述が可能な場合もある．

(63)　a.　She drank him under the table.
　　　b.　I ate him out of house and home.

(63) のような場合，結果述語が出現しないと，結果構文と同じ意味で用いることができない．

(64) a. *She drank him.
　　 b. *I ate him.

ちなみに，Carrier and Randall (1992), Levin and Rappaport Hovav (1995), Schein (1995) などが指摘しているように，動詞によって選択されない目的語でも，(65) で示されているように，通常の他動詞の目的語と同じように，受動化により受動文の主語となることができる．

(65) a. John was drunk under the table.
　　 b. John was eaten out of house and home.

自動詞 (非能格動詞) によって選択されない項が目的語位置に現れる構文でも，その項が受動化により受動文の主語となることができる．

(66) a. Her Nikes had been run threadbare.
　　 b. The baby was ticked awake by the loud clock.
　　 c. We were talked into a stupor.

Hale and Keyser (1993) が議論しているように，非能格動詞は基本的に他動詞構造を持つと考えられ，もし目的語の位置に項が現れると，その項に対して，他動詞の目的語と同じように，構造格を与えることができる．したがって，非能格動詞の目的語の位置に項が現れた場合には，動詞に選択されない項に対しても受動化のような操作が可能になるのである (Rothstein (1992) 参照)．

　ただし，動詞が選択する項と選択しない項で，まったく同じ振る舞いをするというわけではなく，この2つのタイプの結果構文には幾つかの違いが見られる．たとえば，内項を主語として作られる中間構文 (middle construction) は，他動詞の結果構文からは派生可能であるが，自動詞タイプの結果構文からは派生できない．Levin and Rappaport Hovav (1995) は次のような例をあげている (Carrier and Randall (1992) 参照)．

(67) a. This table wipes clean easily.
　　 b. The metal pounds flat easily.

(68) a. *This type of pavement runs thin easily.
b. *This baby ticks awake easily.
c. *This teapot drinks dry in no time at all.

また,形容詞受身(adjectival passive)の形成に関しても,以下のように,他動詞タイプの結果構文と自動詞タイプの結果構文で差が出る.

(69) a. a wiped-clean table
b. a pounded-flat metal.
(70) a. *the run-thin pavement
b. *a ticked awake baby
c. *a drunk-dry teapot

さらに,Carrier and Randall (1992) は,-ing の過程名詞(process nominal)の形成について,他動詞タイプと自動詞タイプの結果構文で容認性に差が出てくることを観察している.

(71) a. The watering of tulips flat is a criminal offense in Holland.
b. The slicing of cheese into thin wedges is the current rage.
c. The painting of the fire engines the color of schoolbuses is strictly prohibited by state law.
(72) a. *The drinking of oneself sick is commonplace in one's freshman year.
b. *The talking of your confident silly is a bad idea.

中間構文・形容詞受身・過程名詞化の統語操作は,一般に,動詞によって選択される内項に適用できる操作である.したがって自動詞に現れる(動詞に選択されていない)項は,これらの操作に関して他動詞の目的語とは異なる振る舞いをするのである.そのために,Carrier and Randall (1992), Bowers (1997), Wechsler (1997) などのように,この2つのタイプの結果構文を厳密に区別する研究者も多い.

なお,Levin and Rappaport Hovav (1995) によると,他動詞構文において,動詞が選択しないような項が現れるのは,drink や eat のような,

不定目的語の削除 (indefinite object deletion) が可能な動詞の場合に限られるという.

(73) a. They drank (wine).
b. They ate (dinner).

Levin and Rappaport Hovav (1995) では，(73) の不定目的語の構文は，基本的に自動詞としての用法と同じなので，動詞によって選択されない項が現れてもよいとしている．そして，Levin and Rappaport Hovav は，通常の他動詞から作られる結果構文では，結果述語とともに動詞が選択しない項が現れることは基本的にないとしている (Carrier and Randall (1992) も，他動詞が選択しない要素を目的語としてとる結果構文は許されないとしている). したがって，以下のような例は，排除されることになる.

(74) a. The bombing destroyed *(the city).
b. *The bombing destroyed the residents homeless.

ただし，Hoekstra (1988) が議論している以下のような例は，この一般化に対して問題となる.

(75) a. He washed the soap out of his shirt.
b. He rubbed the tiredness out of his eyes.

wash や rub のような動詞においては，不定目的語の削除が許されない．さらに，(75) から結果述語を削除した (76) のような文は，容認されない．

(76) a. *He washed the soap.
b. *He rubbed the tiredness.

そうすると，他動詞の wash や rub をもとにした結果構文では，動詞に選択されない目的語が現れることになり，問題となる．(なお，wash には「体を洗う」という自動詞の用法があるが，(75a) ではそのような意味で用いられていないので，不定目的語の削除が適用される例ではない.)

(75) の例のような構文の説明の可能性としては，結果述語が加わることによって動詞の選択制限が変わったために，(75) の例が可能になったということが考えられる．つまり，(75) の wash や rub においては，動詞だけでは選択することのできなかった目的語が，動詞と結果述語が組み合わされたために，選択制限に変化が生じ，出現可能になったのではないかということである．Levin and Rappaport Hovav (1995) は，このような説明の可能性を否定している．しかし，Levin and Rappaport Hovav も指摘しているように，(75) のような構文から，形容詞受身・中間構文を作ることができる．

(77) a. This dye rinses / washes out easily.
b. the rinsed-out / washed-out soap

(77) のような構文は，上で議論したように，他動詞が選択する目的語に対して可能なものである．そうすると，このような事実は，(75) の動詞の選択制限が変化しており，(75) が他動詞から派生されるタイプの結果構文であるということを示唆している．Levin and Rappaport Hovav (1995) は，(75) の構文が通常の結果構文と違う振る舞いをするとし，結果構文でないと主張しているが，実際には，(75) の構文を結果構文とみなせないという原理的な理由はないと思われる．

結果述語の統語的な振る舞いに関しては，結果述語が，目的語指向性の描写述語と同じような分布を示すことが知られている．Roberts (1988) は結果述語について，以下のように，動詞句に適用される操作がかからなければならないことを示している．

(78) 動詞句前置
a. John wanted to hammer the metal flat — and hammer the metal flat he did.
b. *John wanted to hammer the metal flat — and to hammer the metal he did flat.

(79) though 移動
a. Hammer the metal flat though John may . . .

　　　　b. *Hammer the metal though John may flat . . .
（80）擬似分裂
　　　　a. What John did was hammer the metal flat.
　　　　b. *What John did flat was hammer the metal.

これらの操作に対する話者の判断の違いは，目的語指向性の描写述語の時と同じように，観察されない．また do so の置き換えのテストも，目的語指向性の描写述語と同じく，結果述語が動詞句の内部にあることを示している．

（81）a. *Bill fastened the shutters open and Mary did so shut.
　　　 b. *The joggers ran the pavement thin, and the runners did so smooth.

しかしながら，結果述語が目的語指向性の描写述語とまったく同じ統語位置を占めているわけではないとする根拠が，幾つか存在する．まず，結果述語と目的語指向性の描写述語が文中にともに現れた場合には，結果述語が描写述語に先行しなければならない（Rothstein 1983; Carrier and Randall 1992）．

（82）a. John hammered the metal flat hot.
　　　 b. *John hammered the metal hot flat.

すべての英語母語話者が，結果述語と描写述語の共起を許すわけではないようであるが（McNulty（1988）参照），これらの2つのタイプの述語の共起を許す話者では，結果述語が描写述語に先行しなければならない．このことは，結果述語が描写述語よりも，動詞句のより深いところに位置しているということを示唆している．

　また，wh 移動の可能性についても，2つのタイプの述語で違いが観察される．先にも見たように，描写述語は wh 移動ができないが，結果述語では wh 移動には問題がない．

（83）a. How flat did John pound the metal?
　　　 b. How red did you boil the lobster?

c. How thin did Mary run the soles of her shoes?

そうすると，結果述語の wh 移動に関する振る舞いは，描写述語とは異なり，むしろ小節の中に現れる述語と同じような振る舞いをするということになる．

　(84)　a. *How raw did John eat the meat?
　　　　b. How angry did John make his friends?

もし述語の wh 移動の可能性が，動詞句内に補部要素として埋め込まれるか動詞句の最大投射に付加されるかという構造的な違いによって生じるのであれば，結果述語は，小節の述語のように動詞句内にある補部要素として働くということを示唆している (Rothstein (1983), Rapoport (1993b) などを参照)．

　先にも見たように，描写述語は文中に複数個現れてもよい．しかしながら，Rothstein (1983) や Tenny (1994) が観察しているように，結果述語は複数個現れることができない．

　(85)　a. *John washed the clothes clean white.
　　　　b. *Martha wiped the table dry clean.

(85a) の clean と white および (85b) の dry と clean は，同時に結果述語としての解釈は許されない．このような事実もまた，結果述語が付加詞として働き，文中に複数個の生起が可能な描写述語とは異なり，補部要素のような働きをしているということを示唆していると思われる．

　このような事実を考えると，少なくとも結果述語は，随意的な要素であっても，最大投射に付加されるような付加詞でなく，動詞句内部にあり，動詞によって選択される補語のように機能すると考えるのが妥当であろう．

　さらに，結果述語が叙述する目的語については，結果構文が自動詞タイプであっても他動詞タイプであっても，目的語の内部からの抜き出しが許されることが Carrier and Randall (1992) で報告されている．

(86) a. the gang that I shot the leads of dead
　　　b. the door that I painted the back of red
(87) a. the gang that I drank the leaders of under the table
　　　b. the Nikes that I ran the soles of threadbare / ragged

名詞句内部からの抜き出しに関しては，Levin and Rappaport Hovav (1995) が指摘しているように，判断が微妙なようで，特に，自動詞タイプのものは判断が分かれるようである (Carrier and Randall (1992), Bowers (1997), Déchaine (1993) などを参照)．もし，(87) にあるように，自動詞タイプのものも他動詞タイプのものも，基本的に結果述語の叙述する名詞句内部からの抜き出しが可能であるとすると，このような項は，(小節の主語が現れるような位置ではなく) 他動詞の目的語が現れる位置に出現している必要がある．

　結果述語の内部構造に関しては，補部として働く小節と同じく，数量詞遊離を許すので，結果述語内に主語を認可する投射 (主文の PredP に相当する) SP があると考えられる．

(88) a. John hammered the metal rods *all* flat.
　　　b. The jogger ran his Nikes *both* threadbare.

(86) や (87) の事実から，結果述語の叙述を受ける目的語は，通常の他動詞の目的語の位置に存在し，動詞によって格を与えられていると考えられる．しかし，自動詞がベースとなる結果構文と他動詞がベースとなる結果構文は，目的語に対する意味解釈が異なるので，以下のように，異なる構造を付与するのが妥当であろう．

　まず，他動詞から派生される結果構文は，動詞が目的語に意味役割を与えると考えられる．そして，結果述語は数量詞遊離などが可能なので，主語が内部に生成される (主文の PredP に相当する) SP の投射を持っている．もし述語要素内に (SP 内で主語として機能する) PRO が存在するならば，他動詞から派生される結果構文は，名詞句が PRO をコントロールする (89) のような構造を持っていることになる．

(89)　[PredP [VP DP$_i$ [SP PRO$_i$ [XP 　]]]]

これは，前章で議論した二重目的語構文の構造と，基本的に同じ構造である．これに対して，自動詞から派生する結果構文は，結果述語により意味役割が与えられると考えられるので，名詞句が結果述語の SP の投射内から動詞の目的語の位置に上昇する，(90) のような構造を仮定してよいと思われる．

(90)　[PredP [VP DP$_i$ [SP t_i [XP 　]]]]

ここでの提案は，結果述語が叙述する目的語に対してコントロールと上昇を仮定することになるが，この点においては，Bowers (1997) の提案と基本的なところは同じである．

　英語の結果構文の取り扱いに対しては，他動詞タイプと自動詞タイプで異なる分析を行なうという提案や統一的に扱う提案など，さまざまな提案がこれまでにも出されており，これからもさらに検討が必要であろう．ただし，いろいろな言語の結果構文を見渡した際に，他動詞タイプの結果構文が多く，自動詞から派生される動詞が選択しない項をとる結果構文があまり見られないことを考えると，英語の結果構文に 2 つのタイプの構造を仮定してもよいのではないかと思われる．

　最後に，結果構文の意味的な特徴として，最も典型的には，結果構文は出来事が完了して，ある結果状態が現れているという完結性 (telicity) の意味を表すということがあげられる．たとえば，ran や pound が使われる通常の文では完結の意味を表さないので，in one hour という時間表現は現れず，出来事の継続時間を指す for one hour が現れる．

(91)　a.　John ran for one hour / *in one hour.
　　　b.　John pounded the metal for one hour / *in one hour.

時間副詞の可能性は，動詞がどのような意味を表すかによって変わってくる (Dowty 1979)．(91) のような場合は，少なくとも動詞は，活動 (activity) の意味しか表さない．しかしながら，(91) のような文に結果述語が付加された場合には，出来事が完結するという意味が加わるので，for one hour ではなく，in one hour が容認される時間表現となる．

(92) a. John ran his shoes threadbare in one hour / *for one hour.
　　 b. John pounded the metal flat in one hour / *for one hour.

これは，Tenny (1994) が主張するように，目的語によって出来事が区切られ，尺度化 (measure out) されるからで，完結の意味は，結果構文の意味から派生されることになる．なお，このような出来事の尺度化は，内項が存在することによって可能になるので，自動詞タイプの結果構文においても他動詞タイプの結果構文においても，目的語は通常の他動詞に選択される目的語（内項）と同じような機能をしていることになる．しかしながら，Tenny (1994) が観察しているように，結果構文の中には，for one hour のような副詞の生起を許すものがあるようである．

(93) a. I cried my eyes for three hours / in three hours.
　　 b. I shouted myself ?for three hours / in three hours.
(94) a. I danced myself tired in three hours / *for three hours.
　　 b. I cried myself to sleep in three hours / *for three hours.

(93) は，身体部分を表す目的語が現れ，結果構文の中でもその用法がかなり慣用化したものである．(94) に対して，(93) が for three hours のような副詞の生起を許すのは，慣用化のために，結果構文の表す出来事が必ずしも結果を表す必要がないからであると思われる．

2.4　まとめ

本章では，文中に随意的要素として現れる二次述語の，描写述語と結果述語について検討した．描写述語については，主語指向性述語が PredP の最大投射に，そして目的語指向性述語が VP の最大投射に付加されるという分析を提案した．これに対して，結果述語は，随意的な要素であるが，小節の述語との共通性を示すため，結果述語が VP 内部に（動詞の補部として）埋め込まれているとする分析を提案した．さらに，自動詞ベースの結果構文においては，名詞句が SP の投射の中から主節動詞の目的語の位

置に上昇し，他動詞のベースの結果構文においては，SP の中の PRO が他動詞の目的語によってコントロールされる構造を持つという分析を提案した．

まとめ

　叙述関係については，主語と述語をどのように規定するかが大きな問題となる．第1部では，どのような要素が主語あるいは述語として機能できるかを見たうえで，その要素がどのような構造的関係を持つことによって叙述関係が成立するかを検討した．述語は，外部に項を1つ要求する要素であり，主語は，それ自体で項を要求しない飽和要素である．文には，項を外部に要求する述語が必ず1つあり，その要求を主語が満たすことによって文が成立する．文中において義務的要素として働く述語は一次述語と呼ばれ，単文に現れる述語や，consider などによって導かれる小節内の述語が一次述語に分類される．これに対して，文中において随意的な要素として機能する二次述語には，描写述語と結果述語がある．

　一次述語の共通の特徴は，述語が文や節の中心要素であり，文や節が成立するために不可欠な要素であるということである．したがって，もしもこのような一次述語が省略された場合には，非文になるか，あるいは根本的な意味が変化してしまうことになる．単文では，述語要素のほかに時制要素が共起するが，小節には，時制要素が共起しないという特徴がある．一次叙述に関しては，述語の wh 移動によって照応束縛の可能性が変わらないことや，数量詞遊離が述語の前で可能なことなどの事実が，述語を含む動詞句 VP の上に PredP が投射する分離動詞句の構造を仮定することによって説明できることを示した．そして，小節や with の絶対構文においても，分離動詞句の構造が存在すると仮定することにより，数量詞遊離や照応束縛の現象も主文と同じように説明できることを示した．コピュラ文の議論においては，be 動詞の前後に現れる名詞的な要素の文法的な働きについて考察を加えた．特に，叙述文と指定文の叙述関係を詳しく検討すると，述語に当たる名詞句が主語位置に現れると考えられる現象も存在

することがわかる．

　二次述語の描写述語と結果述語は，基本的に文中に現れる随意的要素で，統語的には付加詞として機能すると考えられる．一次述語とは異なり，名詞句・形容詞句・前置詞句を二次述語として用いることは可能であっても，動詞句そのものを二次述語として用いることはできない．また，二次述語は決して時制と共起しないという特徴も存在する．とりわけ，描写述語は，文中に複数個現れてもよいなど，付加詞としての性質が強く現れる．描写述語は，主語指向性を持つものと目的語指向性を持つものがあり，主語あるいは目的語の状態・状況を叙述する．そして，描写述語は，その指向性の違いによって異なる統語位置に生起することを示す事実が，幾つか存在する．描写述語の付加詞的な振る舞いから，本論では，主語指向性の描写述語が PredP に，そして目的語指向性述語が VP に付加詞として付加される分析を提案した．

　これに対して，結果述語は，内項を叙述のターゲットとする随意的な要素であるが，たとえば，(描写述語とは異なり) wh 移動が可能で，文中の述語の数は1つに限られるなど，動詞によって選択される小節の述語と似た分布を示す．また，結果構文の特徴として，結果述語が付加されることにより，動詞によって選択されない目的語が現れるもの(自動詞(非能格動詞)から作られるもの)と，動詞が選択する目的語に対して結果述語が叙述を行なうもの(他動詞から作られるもの)がある．本論では，結果述語の補語的な性質から，結果述語が(動詞句の最大投射 VP に付加される要素ではなく)，VP 内部に(補部として)埋め込まれているとする分析を提案した．さらに，意味解釈の観点から，自動詞ベースの結果構文では，結果述語によって叙述される名詞句が(結果述語の) SP の中から主節動詞の目的語の位置に上昇する構造を提案した．これに対して，他動詞ベースの結果構文では，SP の中の PRO が主節にある他動詞の目的語によってコントロールされる構造を持つという分析を提案した．

第 II 部

修　　飾

第3章　修飾の一般的特徴

3.1　修飾とは

　文は主語，動詞，目的語などの主要な要素からできているが，それら主要な要素にいわゆる修飾語句（modifier）を加えて，より複雑で多様な意味を表すことができる．修飾語句は，付加詞（adjunct）とも呼ばれる．名詞は形容詞や関係節などによって修飾され，文や動詞などは副詞，前置詞句，副詞節などによって修飾される．また，段階性を表す形容詞や副詞は，比較構文を用いた修飾を受けることがある．

（1）　a.　*black* cats　（形容詞による修飾）
　　　b.　the cat *that ate the canary*　（関係節による修飾）
（2）　a.　John has done his work *completely*.　（副詞による修飾）
　　　b.　I'll go *when I've had dinner*.　（副詞節による修飾）
（3）　He is *more* thoughtful *than she is*.　（比較構文による修飾）

これらの中で，本章では形容詞修飾と副詞修飾について述べることにする．
　伝統文法においては，修飾語句は，形容詞的修飾語句（adjectival modifier）と副詞的修飾語句（adverbial modifier）に大別される．たとえば，exceedingly prompt action という表現では，prompt は名詞 action を修飾する形容詞的修飾語句であり，exceedingly は形容詞 prompt を修飾しているので副詞的修飾語句である．Jespersen は，形容詞的修飾語句を二次的語句（secondary word）と呼び，副詞的修飾語句を三次的語句（ternary word）と呼んでいる．Curme (1931) は，副詞的修飾語句について，「副

詞，前置詞句，従属節などの形式をとり，場所・時・様態・程度・条件・譲歩・目的・手段などの意味を，動詞・形容詞・副詞に加える機能を持つ」と述べている．修飾語句は随意的（optional）な要素であり，(1)–(3)の例から斜体字で表されている修飾語句を取り除いても，容認可能性は落ちない．

　学校文法では，名詞を修飾するのは形容詞類，それ以外を修飾するのは副詞類であるというように，修飾要素と被修飾要素の間の品詞上の条件を述べ，修飾の意味の関係については，AはBを「修飾する」とかAはBに「かかっている」という言い方をすることが多い．

　この，「AはBにかかる」と言う場合，AとBの配列にはどのような構造条件があるのだろうか．さらに「かかる」というのは，具体的にはどのような関係のことを言うのだろうか．前者の，修飾要素と被修飾要素との配列上の問題は，修飾が成り立つ構造関係の問題であり，後者の問題は，修飾要素と被修飾要素の意味解釈の問題である．

　修飾が成り立つ構造条件に関しては，修飾要素は被修飾要素と姉妹関係（sisterhood）になっていなければならないとするのが，標準的である．たとえば，上記(1a)では，修飾語句の black と被修飾要素の cats は，ともに同一の節点に直接支配されている．

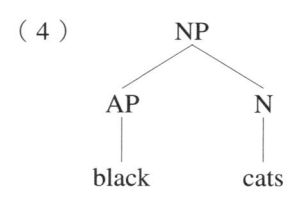

(4)　　　　　NP
　　　　　 ／　＼
　　　　　AP　　N
　　　　　｜　　｜
　　　　 black cats

Zubizarreta (1987) はこの条件を，次の修飾規則（Rule of Modification）という形で明示化した（説明の便宜のため，一部書き換えてある）．

(5)　修飾規則：
　　　[c ... A ... B ...] の構造で，CがAとBを直接支配し，CがBの投射である時にかぎり，AはBを修飾する．(AとBの順序関係は問わない)

(4) において，NP が AP と N を直接支配し，NP は N の投射であるので，AP は N を修飾していると言える．

　修飾の意味関係については，後述するように，多様で複雑な関係が見られるが，基本的な意味関係としては，修飾を，修飾要素の意味内容と被修飾要素の意味内容の共通集合 (intersection) として捉えるのが通例である．「共通集合」とは，2つの要素の和と考えてよい．Katz and Fodor (1963) は，ある要素の意味内容を意味素性 (semantic feature) の束と考え，形容詞による名詞の修飾を次のように表した（F1〜F6 は意味素性を表す）．

(6)　　Adj　　　　N　　　Adj + N

$$\begin{bmatrix} F1 \\ F2 \\ F3 \end{bmatrix} \begin{bmatrix} F4 \\ F5 \\ F6 \end{bmatrix} \rightarrow \begin{bmatrix} F1 \\ F2 \\ \vdots \\ \vdots \\ F6 \end{bmatrix}$$

たとえば，形容詞 black の意味素性を F1〜F3 とし，名詞 cat の意味素性を F4〜F6 とすると，black cat は F1〜F6 のすべての意味素性を持つものと解釈される．

　この考え方は，要素の意味をその要素が指示するものの集合と捉える形式意味論 (formal semantics) でも継承されている．つまり black cat とは，black であるものの集まりと cat であるものの集まりの，両者に属するものの共通集合であるとされる．black であるものの集まりを BLACK(x) とし，cat であるものの集まりを CAT(x) と表記すると，black cat とは，2集合の共通集合である BLACK(x) & CAT(x) であるとされる．

　副詞の解釈についても同様で，(7a) は，(7b) の and を用いて言い換えた文と同じ意味を持つとされている (Higginbotham 1985: 562)．

(7)　a.　John walked rapidly.
　　　b.　There was a walk by John, and it was rapid (for a walk).

　以上のような，修飾を2要素の意味の共通集合と捉える考え方は，述部

修飾（predicate modification）という規則で明示化される（Heim and Kratzer (1998: 65) を参照）．

(8) 述部修飾規則:
   α が，β と γ を直接支配する節点で，β と γ の意味タイプがともに $\langle e, t \rangle$ である場合，$[\![\alpha]\!] = [\![\beta]\!]$ & $[\![\gamma]\!]$ と解釈せよ．

$[\![\alpha]\!]$ という $[\![\ ]\!]$ がついている表現は，α の意味を表す．意味タイプとは，言語表現が指示する対象のことを言い，e という意味タイプは人や物などの事物を表し，t という意味タイプは真偽値を表す．John など固有名詞や定名詞句 (definite NP) は典型的に e のタイプであり，命題を表す節は t のタイプである．その他の表現の意味タイプは，この e と t の組み合わせで表現される．(8) の $\langle e, t \rangle$ とは，e のタイプの意味を項としてとり，t のタイプの意味を値として出す関数のことを表す．一項動詞，形容詞句，（述部）名詞句などが $\langle e, t \rangle$ のタイプの例である．

たとえば，run という一項動詞を考えてみよう．この表現は，run するものの集合を表し，任意の事物を項としてとり，それが run するものの集合に入っていれば真となり，入っていなければ偽となるというふうに，真偽値を値として出力する関数と捉えることができる．つまり run という動詞は，たとえば the car という e の意味タイプを持つ表現を項としてとると，the car run(s) という命題の真偽値が得られる関数となっている．

形容詞や普通名詞も $\langle e, t \rangle$ タイプであり，たとえば black と cat はそれぞれ，black であるものの集合，cat であるものの集合を表す．これを踏まえて，次の形容詞による名詞の修飾構造を見てみよう．

(9) [$_{NP}$ [$_{AP}$ black] [$_N$ cat]]

AP の black も N の cat も $\langle e, t \rangle$ タイプの表現であり，上位の NP に直接支配されている．述部修飾規則 (8) に照らし合わせると，NP が α に，AP と N が β と γ に該当する．したがって，述部修飾規則の適用により，(9) の NP の意味は次のように計算される．

(10) $[\![$black cat$]\!]$ = $[\![$black$]\!]$ & $[\![$cat$]\!]$

これが表していることは，black cat という表現の意味は，black であるものの集まりと cat であるものの集まりの共通集合である，ということである．

以上，修飾について，構造関係としては，修飾要素と被修飾要素は姉妹関係になっていなければならないことを，意味関係としては，両者の意味の共通集合と捉えられることを見た．ただし，修飾関係を共通集合と捉えられるのは，中心的な修飾関係についてであって，実際にはそれでは捉えきれない事例が多数ある．そのような事例の扱いも含めて，以下の 3.2 節では形容詞による修飾を，3.3 節では副詞による修飾について見る．

3.2 形容詞による修飾

形容詞には，be 動詞の補部などに現れて文の述部となる叙述用法（predicative use）と，名詞を修飾する限定用法（attributive use）の 2 つの用法がある．このうち，修飾に関係するのは限定用法の形容詞である．以下では，限定用法の形容詞句による修飾の構造と意味解釈について述べることにしよう．

3.2.1 形容詞修飾の構造

形容詞が名詞を修飾する場合，名詞の前に現れる場合と後ろに現れる場合がある．名詞の前に置かれる形容詞は，前位形容詞（pre-nominal adjective）と呼ばれ，後ろから修飾する形容詞は後位形容詞（post-nominal adjective）と呼ばれる．

前位形容詞は，次のような統語的特徴を示す．第一に，この場合の形容詞は，冠詞・指示詞・数量詞・所有格の名詞句などの限定詞と，主要部名詞の間に挟まれた位置に生じる．

(11) $\left\{\begin{array}{l}\text{the / a(n)}\\\text{this / that}\\\text{some / every}\\\text{John's}\end{array}\right\}$ expensive car

なお，{so, too, how} clean a desk のように形容詞に程度の演算子（degree operator）がついている場合には，不定冠詞 a(n) の前に生起するが，これは，a(n) の後ろの位置から，その前の位置に前置されたものと考えられる（Matushansky 2002）．

第二に，次の（12）のように，形容詞に複雑な修飾語句がつくことが可能である．

（12）　a.　an [[almost equally stupid] proposal]
　　　　b.　an [[apparently rather noticeably defective] mechanism]

第三に，形容詞自体が等位接続されて名詞を修飾することも可能である．

（13）　a　[[tall], [thin] and [nearly bald]] man

第四に，すでに形容詞による修飾を受けている名詞句を，さらに別の形容詞が重ねて修飾することも可能である．

（14）　a.　a [stupid [fat [overpaid [intensive [English [bore]]]]]]
　　　　b.　a [beautiful [round [blue [Japanese [plate]]]]]

以上の4つの特徴は，AP が NP の左側に付加し，[$_{NP}$ AP [$_{NP}$ N ...]] という構造を作ることから得られる．（12）のように AP 自体が別の要素に修飾を受けていても，（13）のように等位接続されていても，付加構造であることには変わりがない．また，AP による修飾を受けた NP は，それ自体 ⟨e, t⟩ の意味タイプの要素であるので，新たに AP による修飾を受けることが可能で，（14）のような表現が可能になる．NP が冠詞などを伴い DP になった場合は，e タイプになるので，AP による修飾を受けることはできず，[expensive [$_{DP}$ the car]] のような表現は非文法的になる．

上記（14）のように，複数の形容詞が同一の名詞を修飾する場合には，配列に関して一定の条件があり，次の（15）のような配列順序で生起しなければならない（安井他 1976: 138; Quirk et al. 1985: 437; Sproat and Shih 1991）．

(15) 限定詞 ＜ 同定の形容詞 ＜ 強意の形容詞 ＜ 特性記述形容詞 ＜ 分類的形容詞 ＜ 名詞
(安井他（1976: 138）より．A＜B とは A が B に先行することを示す)

たとえば，same，certain などの同定の形容詞は，real，utter などの強意の形容詞に先行する（a certain utter foul / *an utter certain foul）し，大きさ・性質・形状などを表す特性記述形容詞は，国籍・材質・分野など，名詞から派生される分類的形容詞に先行する（a big British ship / *a British big ship, an interesting serial story / *a serial interesting story）．また，同じ特性記述形容詞の間でも，大きさを表す形容詞は色彩や形状を表す形容詞に先行し，性質を表す形容詞は形状を表す形容詞に先行する．

(16) a. SIZE ＜ COLOR（a small green Chinese vase / *a green small Chinese vase）
b. SIZE ＜ SHAPE（a small square table / *a square small table）
c. QUALITY ＜ SHAPE（a nice round plate / *a round nice plate）

言語の中には，(15)，(16) のような前位修飾の形容詞の配置に関する条件が見られる英語のような言語と，この条件が働かない日本語のような言語がある．Sproat and Shih（1991）によると，形容詞が必ず限定詞の後に生起しなければならないというように語順が決定している英語や中国語などのような言語では，この条件が働き，「あの赤い本 / 赤いあの本」のように限定詞と形容詞の語順が決まっていない日本語のような言語では，この条件は働かないという（「赤いあの本」では，「赤い」は非制限的な修飾を行なっている）．前位修飾の形容詞の配列に関する説明については，ほかに Alexiadou（2001），Valois（2006）などを参照．

3.2.2 主要部末尾フィルター

前位修飾に関しては，前節で述べた配列順序に関する特徴に加えて，前位修飾をする句の主要部が句の末尾に生じなくてはならないという条件が

ある.

(17) a. a [AP keen] student
b. *a [AP keen on jazz] student
c. a student [AP keen on jazz]
(18) a. a [AP very happy] person
b. *a [AP very happy about her work] person
c. a person [AP very happy about her work]
(19) a. *a [PP near Boston] residential area
b. a residential area [PP near Boston]
(20) a. *a [Participial Phrase concerned with social welfare] politician
b. a politician [Participial Phrase concerned with social welfare]

上記の非文法的な例は，主要部末尾フィルター（Head-Final Filter）と呼ばれる条件によって排除される（Emonds (1976: 19, 1985: 131), Williams (1982), Escribano (2004)を参照).

(21) 主要部末尾フィルター:
前位修飾の句では，主要部が末尾に生起しなければならない.

たとえば，(17a)と(18a)では，前位修飾の形容詞が AP の末尾に現れているので(21)に違反しないが，(17b), (18b)では，それぞれ keen, happy が AP の末尾に生起していないので(21)によって排除される. (17c), (18c)が示すように，後位修飾の場合は，この条件が働かない. この条件は形容詞句に限られているわけではなく，(19a)と(20a)では，それぞれ，PP の主要部 near と分詞句の主要部 concerned が句の末尾になっていないので，(21)により排除される.

次の(22a)も(17b)などと同様排除されるが，(22c)のように，形容詞の補部が名詞の後に現れる形も可能である.

(22) a. *a [similar to mine] car
b. a car [similar to mine]
c. a *similar* car *to mine*

この現象は AP 分離（AP Splitting）と呼ばれる．AP 分離によって補部を名詞の後に残せる形容詞は，(23) に列挙したような，2 つのものを比べる意味を表す形容詞に限られ，その他の形容詞は (24) のように，分離することができない．(23c) の，比較級とそれに関連している than 句の分離も，この現象の一例とみなすことができる．なお，AP 分離は，形容詞とその補部の間だけでなく，(25) のような形容詞の付加部や (26) のような不定詞節についても見られ，それらの付加部や不定詞節が名詞の後に生じることもある（Escribano 2005）．

(23) subsequent, previous, prior, preferable, alternative, analogous, comparable, different, separate, parallel, identical
 a. a *comparable* situation *to ours*
 b. a *preferable* solution *to Chomsky's*
 c. a *taller* woman *than Mary*

(24) a. *a *familiar* teacher *with our problem*
 b. *a *guilty* convict *of murder*
 c. *a *thankful* neighbor *for her attentions*

(25) a. a *famous* actress *for her Lady Macbeth*
 b. a *lucky* woman *in her field*
 c. a *strong* department *in semantics*

(26) a. a *brave* man *to jump into the icy water*
 b. a *wise* man *to keep his mouth shut*

ある動詞の過去分詞が前位用法で名詞を修飾する場合，その動詞の直接目的語に該当する名詞しか修飾することができない（Williams 1982）．

(27) a. the promised books
 b. *the promised people

(28) a. the told story
 b. *the told people

(27a) や (28a) の過去分詞は，語彙的に形容詞化していると考えられている．Levin and Rappaport Hovav (1986) に従うと，過去分詞の形容詞

化によって外項 (external argument) になるのは,直接の内項 (direct internal argument) に限られる.この項は,おおよそ直接目的語に該当する.たとえば promise は,「〜に〜を約束する」というように2つ内項をとるが,直接の内項は「〜を」に当たるほうだけであり,promise の過去分詞を形容詞化した場合,それが主語(外項)になる.(27a)では,正しく「〜を」に当たるものを修飾している.一方,(27b)の過去分詞は形容詞化していない.したがって,過去分詞の部分は受動の分詞句を形成し,痕跡を伴った次の構造をしているはずである.

(29)　the [$_{\text{Participial Phrase}}$ promised t] people

この構造は,上記(21)の主要部末尾フィルターに反している.その結果,(27b)は不適格になっている.

　過去分詞の形容詞化は直接の内項を外項にするので,受動の意味を持たない自動詞であっても,内項を持つ非対格動詞 (unaccusative verb) であるならば,一定の条件のもと,過去分詞が形容詞化し,名詞を前位修飾することが可能である (Levin and Rappaport Hovav 1995: 150).

(30)　a recently appeared book; a newly emerged scandal; a fallen angel

なお,次の(31)のような例は,一見(21)に反しているように見えるが,これらの前位修飾要素は,1つの語彙として複合語になっていると考えられる (Nanni (1978) などを参照).

(31)　a.　a difficult-to-please child
　　　b.　a hard-to-pronounce word
　　　c.　the much-talked-about new show

また,an [old enough] boy のような enough が含まれる表現は,例外と考えられる.

　以上,主要部末尾フィルターの適用例について見てきたが,名詞の前位修飾に関する従来の統語的研究の多くは,主に,このフィルターをめぐっ

て行なわれてきたと思われる．前位修飾構造において，形容詞句が単純に名詞句に付加しているのだと仮定すると，その形容詞句の主要部が末端に生じなくてはならない理由はないのであるから，(17b)のような例を排除するために主要部末尾フィルターが必要になる．しかし，このフィルターが，前位修飾構文に固有の，いちじるしく一般性を欠いた条件であることは明らかである．できることなら，このフィルターの効果を一般的な条件から導き出すのが望ましい．

Stowell (1981) や Sadler and Arnold (1994) は，前位修飾をする形容詞は，X バー理論で言う X^0 レベルの範疇であり，同じ X^0 レベルの名詞と組み合わされると主張している．この主張によると，very tall guy は次のような，一種の複合語の構造をしていることになる．

(32)　[$_{NP}$ [$_{A^0}$ [$_{Deg^0}$ very] [$_{A^0}$ tall]] [$_{N^0}$ guy]]

これによると，前位修飾の形容詞が補部をとれないのは，補部という XP レベルの要素が現れると，X^0 レベルの要素同士による接続ができなくなるからであると説明される．しかし，この説明では，そもそもどうして名詞の前の位置では X^0 レベルの要素連結しか許されないのかについて，本質的な説明が欠けている．

Abney (1987) は，従来の名詞句とは，限定詞を主要部とする DP となっているという仮説のもと，形容詞がない場合の名詞句は，(33a) のように D が NP を補部にとっているのに対して，形容詞がある場合は，(33b) のように D は AP を補部にとっていると主張している．

(33)　a.　[$_{DP}$ the [$_{NP}$ house]]
　　　b.　[$_{DP}$ the [$_{AP}$ [$_{A^0}$ big] [$_{NP}$ house]]]

(33b) の構造では，A^0 の big が主要部で，その補部に NP が生じている．これによると，主要部末尾フィルターの効果は，前位修飾の形容詞がすでに NP という補部をとっているため，新たに別の補部を持つことができないことによると説明される．しかし，この分析にも問題がある．たとえば，形容詞が NP を補部にとれるのであるならば，(34a) のように，どうし

て叙述用法の場合にはそれが許されないのかが説明できない．さらに，Dに選択さたAPについて，その内部構造については制限がないのであるから，原理的には，(34b)のようにDの補部として，NPを補部にとっていないAPが現れることも可能であるはずだが，この場合には，不適格になってしまうという問題点もある．

(34) a. *This is [$_{AP}$ big [$_{NP}$ house]].
b. *[$_{DP}$ some [$_{AP}$ fond of children]]

この主要部末端フィルターの効果について，いわゆるミニマリスト・プログラム（Minimalist Program）ではどのように扱われるか見てみよう．ミニマリスト・プログラムでは，句構造はMerge（併合，マージ）と呼ばれる操作によって，下から順次積み上げて構築する派生モデルが考えられている．Xバー理論における［指定部［主要部―補部］］という構造も，最初に［主要部―補部］ができあがり，次にそれに指定部がついて組み立てられると考えられている．

この考えに従って，修飾要素の構造への編入に関しても，付加などといった特有の方法で編入されるわけではなく，補部の編入の場合と同じように，Merge によって，［主要部―補部］の形成 → ［指定部［主要部―補部］］の形成の順で行なわれると考えてみよう．すなわち，動詞句が，主要部の動詞と補部の目的語が組み合わさってできるのと同じように，修飾構造でも，修飾要素が主要部となって被修飾要素を補部としてとり，両者が組み合わさって構築されると考えてみよう（Escribano 2004, 2005）．ただし，その結果できた構造の範疇は投射（projection）によって決められるが，それは次の条件に従っていると仮定する．

(35) Merge によって組み合わされた2要素のうち，充足されていない選択素性を持つ要素が投射し，全体の句の標示（label）を決定する．

たとえば，他動詞Vが目的語のDPとMergeした場合，Vには「主語をとる」という選択素性が充足せずに残っているため，Vが投射し，全体と

して VP という句ができる．語順の面では，V の選択素性を目的語が充足させるので，V–DP の語順になる．これを踏まえて，the pretty girl のような修飾構造の構築を考えてみよう．まず pretty と girl が Merge し，girl が pretty の持っている「名詞を修飾する」という選択素性を充足させる．したがって，他動詞が目的語によって選択素性を充足させられ，目的語を補部としてとるのと同じように，修飾構造でも，名詞が形容詞のいわば目的語として形容詞の補部の位置に現れ，A–N の語順になる．しかし，動詞句の場合と異なり，この構造の形容詞は選択素性を充足しているので，それ自身が投射することはない．一方，N は D によって選択されなければならない素性を残している．したがって，その N が投射し，全体として NP になり，結果として下記 (36) の構造になる．(37) は，[主要部―補部] の語順に反しているので不適格となる．

(36)　　pretty ＋ girl → [$_{NP}$ [$_{AP}$ pretty] [$_N$ girl]]
　　　　主要部―補部
(37)　　*a girl pretty

次に，後位修飾の a girl afraid of dogs のように，形容詞が補部を伴う場合を見よう．まず afraid は，PP の of dogs と Merge する．afraid の外項をとる選択素性は充足されていないので，A が投射し，afraid of dogs は AP となる．次に，この AP が girl と Merge するが，その場合，AP が girl を指定部としてとり，[指定部 [主要部―補部]] の構造を形成し，語順もこのとおりになる．しかし，この構造ができた時点で AP の選択素性は充足されるので，N のほうが投射し，全体の範疇は NP になる．一方，下記 (39) の構造は，[指定部 [主要部―補部]] の語順に合っていないため，排除される．

(38)　　 girl ＋ [afraid of dogs] → [$_{NP}$ girl [$_{AP}$ afraid of dogs]]
　　　　指定部　　主要部　　補部
(39)　　*an [$_{NP}$ [afraid of dogs] girl]

以上のような派生に関する見方をとると，恣意的と思われる主要部末尾

フィルターを仮定せずに，前位修飾の形容詞句の構造を，構造構築に関する一般的原理から導き出すことができる．

3.2.3 後位修飾

後位修飾では，下記(40)のように，補部を伴わない形容詞が単独で名詞を修飾することは，通例，許されない．ただし，ステージレベル述語 (stage-level predicate) と呼ばれる一時的な性質・状態を表す形容詞の場合は，単独で後位修飾が可能である (Bolinger 1967; Quirk et al. 1985; Sadler and Arnold 1994; Svenonius 1994)．

(40) ??a man tall (a tall man) / ??a person intelligent (an intelligent person)
(41) the rivers navigable / students present / tools available / a dog barking

たとえば，前位修飾の the navigable rivers には「(元来)渡航可能な河川」という恒常的な解釈があるが，(41) の the rivers navigable には，「一時的に渡航可能となっている河川」といった解釈しか許されない．(41) のような例は，形容詞が単独で後位修飾を行なっていると考えると，上記(37)と同じ統語的理由によって排除されてしまう．しかし，下記(42)のように，「一時性」の解釈をもたらす句であるアスペクト句 (Aspectual Phrase: AspP) があり，その中に形容詞が含まれているとすると，(38) などの構造と同列に扱うことができる (中島 2004; Escribano 2004)．

(42) (the) [$_{NP}$ rivers [$_{AspP}$ Asp [$_{AP}$ navigable]]]

なお，something, someone などの不定代名詞の場合，一時性を表さなくても形容詞が単独で後位修飾が可能であるが，この場合，(43) に示すように，前位修飾の構造から N の移動によって表面的に後位修飾の形式になったものと考えられる (Kishimoto (2000)，中島 (2004)，反論については Larson and Marušič (2004) を参照)．

(43) a. someone tall

b.　[_DP some [_NP tall [_N one]]] → [_DP some + one [_NP tall t]]

3.2.4　形容詞修飾の意味解釈

3.1 節において，修飾の意味解釈を修飾要素と被修飾要素の意味内容の共通集合と捉え，(8) 述部修飾規則で解釈を行なう方法を見た．しかし，形容詞による修飾に限っても，そのような単純な解釈方法では説明できない修飾関係が見られる．それらの，単純な意味の交わりとしては捉えられない修飾関係は，おおよそ，次の6種に分類できる．

(44)　a.　非制限的修飾
　　　b.　指示修飾と指示物修飾
　　　c.　alleged, known などによる修飾
　　　d.　fake, toy などによる修飾
　　　e.　former などによる修飾
　　　f.　転移修飾語

以下，本節では，これらの修飾関係を順次見ていくことにする．

A.　非制限的修飾

たとえば，a white wall という表現においては，white は，さまざまな色の壁のうち白い壁を限定する機能を持っており，制限的修飾（restrictive modification）をしていると言えるが，white snow では，雪が白いのは自明であるので，white は他の色の雪のうち，白い雪を限定するような機能は持っておらず，snow という名詞に対して，その内在的な性質をあらためてコメントするという非制限的な修飾（non-restrictive modification）をしている．主要部名詞の意味から推論できる内在的な性質を再述する形容詞や，固有名詞を修飾する形容詞は，非制限的修飾を行なっていると言える（安井他 1976）．類例をあげておく．

(45)　a.　a round ball, green grass, red blood
　　　b.　poor John, beautiful Susan

B. 指示修飾と指示物修飾

　形容詞が，名詞の表す概念を修飾する場合，名詞が指示する概念を修飾するという意味で，指示修飾（reference modification）と言う．これに対して，形容詞が，名詞で指示される外界の指示物を修飾する場合，指示物修飾（referent modification）と言う（Bolinger 1967; 安井他 1976）．たとえば，John is a good cook. という例では，good は，主要部名詞の cook が表す概念である「料理人」を修飾し，「料理人として有能な人物／腕が立つ料理人」という指示修飾の解釈を持つのが通例であるが，a cook で指示される人物を修飾し，「善良な料理人」という指示物修飾の解釈も可能である．このような多義性は，主要部名詞が一定の機能を表す場合に現れるのが通例で，John is a good person. のような例では，指示物修飾の解釈しかない．形容詞修飾を単純な意味の交わりと捉える方法では，指示修飾と指示物修飾の区別を表現することが困難であると思われる．

　このような指示修飾の修飾関係を適切に解釈するためには，形容詞が主要部名詞を項としてとっていると解釈しなければならないと思われる．類例をあげておこう．次の例では，通例，指示修飾の解釈しか許されない．

（46）　a.　a weak king　（weak: weak as a king）
　　　　b.　a good thief　（good: good as a thief）
（47）　a.　a big butterfly　（big: big for a butterfly）
　　　　b.　a small elephant　（small: small for an elephant）
　　　　c.　a short basketball player　（short: short for a basketball player）

たとえば（46a）は「王としては弱い（人物）」という意味であって，ある王が人間として弱いという意味ではない．同様に（47a）も，「蝶としては大きい」ことを意味し，たとえば，生き物全体を見回して，その中でも巨大であると言っているわけではない．

　Higginbotham（1985）は，このような修飾関係では，形容詞に「～としては」に該当する項が含まれていると仮定し，その項を非修飾要素である名詞が満たすと分析している．この分析によると，たとえば（47a）は，

big の中に big for X の X にあたる項があり，それを butterfly が満たすことになる．そのうえで，butterfly と big for a butterfly の 2 つの意味が合成され，a big butterfly 全体の意味が a butterfly which is big for a butterfly と解釈される．

　主要部名詞が派生名詞となっている careful driver や beautiful dancer などの例では，one who drives carefully や one who dances beautifully とパラフレーズされるように，名詞の派生元の動詞を（形容詞から派生した）副詞が修飾しているように解釈される．

C.　alleged, known などによる修飾

　上記 B の事例では，形容詞内の項を主要部名詞が満たす過程に加えて，名詞と形容詞の意味合成が行なわれているが，項の満足のみがあり，意味合成が行なわれない事例もある．次を見てみよう．

（48）　John is an alleged Communist.

この文の述部名詞句の解釈は，「共産主義者と言われている人物」という意味であって，「共産主義者と言われている共産主義者」という意味ではない．alleged の意味を概略 (X is) alleged to be Y とすると，非修飾要素の Communist は Y に該当する．Higginbotham (1985) の分析によると，alleged には項 Y が含まれており，それを主要部名詞が満足する点では a big butterfly などと同じだが，その後，alleged と Communist との意味合成は行なわれず，全体は未指定のままにされ，概略 a person X who is alleged to be a Communist という意味になるとされる．

D.　fake, toy などによる修飾

　たとえば，a toy pistol は，「おもちゃのようなピストル」の解釈に加えて，「ピストルのおもちゃ」の解釈がある．この後者の解釈では，a toy pistol は，おもちゃであってピストルではない．これも alleged と同じく，toy の意味として toy of X があり，その X を pistol が満足するが，toy と pistol の意味合成は行なわれないと考えることができる．ただし，alleged

と異なるのは，a toy pistol は全体として a toy であるという点であり，全体としては，a toy of a pistol の意味になっている．

E. former などによる修飾

たとえば，a former congressman で表現される人物は，前議員であって，今は議員ではない．この former のような時間が関わる形容詞の場合は，時間概念を取り入れた意味解釈を行ない，a person X who is a congressman at some time *t* which is former (before now) といった意味を形成する必要がある．

F. 転移修飾語

転移修飾語（transferred epithet）とは，本来，修飾すべき語から離れて，形式上は他の語の修飾語として用いられている形容詞類を言う．形式上は名詞を修飾しているが，意味的には副詞的な意味を持つものが多い．次のような例がある（安井他 1976）．

(49) a. He was smoking a *sad* cigarette. (= He was *sadly* smoking a cigarette.)
    b. He was waving a *genial* hand. (= He was *genially* waving a hand.)

以上，A～F のようなさまざまな修飾関係を見てきたが，このような修飾関係の記述・説明の枠組みとしては，Pustejovsky (1995) が提唱する生成語彙論（generative lexicon）のアプローチが有望であると思われる．

Pustejovsky は，詳細で明示的な意味解釈を行なう理論的枠組みとして，各語彙項目に従来よりも詳細な情報を盛り込み，一定の解釈原理でその情報をまとめ上げるシステムを提案した．そのような，語彙項目に盛り込まれる情報の１つに，クオリア構造（Qualia structure）と呼ばれるものがある．

クオリア構造には，(i) 構成（constitutive）構造，(ii) 形式（formal）構造，(iii) 目的（telic）構造，(iv) 主体（agentive）構造の４つがある．

名詞に関して言うと，構成構造は，名詞が表す対象について，その全体と部分との関係を表している．たとえば，本について言えば，その本の表紙，重さ，材質などの情報である．形式構造は，当該対象を他と区別する形式上の情報で，本について言えば，本という物体と，その中に書かれている情報との関係などを言う．目的構造とは，対象の使用目的や役割を表す構造で，本の場合は「読むため」という目的関係が表されている．最後の主体構造とは，対象が生み出される原因を表す構造で，本では，「書く」という行為が表示されている．

たとえば book という語彙項目に関しては，次のような構造が設定されている（Pustejovsky 1995: 101）．

(50)　book

$$\text{ARGSTR} = \begin{bmatrix} \text{ARG1} = \text{x: information} \\ \text{ARG2} = \text{y: physical object} \end{bmatrix}$$

$$\text{QUALIA} = \begin{bmatrix} \text{information / phys\_obj\_lcp} \\ \text{FORMAL} = \text{hold}(y, x) \\ \text{TELIC} = \text{read}(e, w, x.y) \\ \text{AGENT} = \text{write}(e', v, x.y) \end{bmatrix}$$

詳細は省くが，(50) の QUALIA における各種関数に含まれる x, y の変項は，項構造（ARGSTR）に指定されている変項に対応する．book という語は，その項構造として，x（＝情報）であるという指定と同時に，y（＝物理的物体）であるという指定を含んでいる．x（＝情報）であり，かつ，y（＝物理的物体）であるという関係は，x.y という表記で表される．QUALIA の中の FORMAL の hold (y, x) という指定は，y（＝物理的物体）である本が，x（＝情報）を含んでいることを示している．TELIC の read (e, w, x.y) は，w で表される行為者が x.y（すなわち「本」）を読むこと，そしてそういう出来事 e があることを表している．AGENT の write (e', v, x.y) は，行為者 v が x.y を書くこと，そしてそういう出来事 e' があることを表している．

名詞の語彙項目に，このようなクオリア構造を設定することによって，

よりきめ細かな修飾関係を捉えることが可能になる．たとえば次の例を見てみよう．

(51) a. Mary was driving too *fast* to maintain control of the car.
b. John is a *fast* typist.
(52) a. John is a *sad* man.
b. That was truly a *sad* event.
(53) a *good* knife
(54) John bought a *long* record.

(51a) の fast は，普通の様態副詞で，driving のスピードを問題にしている．それに対して (51b) では，fast が typist という名詞を修飾しているが，解釈としては「タイプを打つのが速い人」という，typing という動作のスピードを問題にしている．この解釈は，typist という語彙に含まれるクオリア構造の中の目的構造に，type (e, x) という述語が含まれており，それを fast が修飾するからと記述される．(52a) の sad は人間である man を修飾しており，選択制限での問題はないが，(52b) では event を修飾し，一種，転移修飾になっている．sad は人間について言うのが通例であるから，原則的には event を修飾できないはずである．しかし event のクオリア構造を考えると，event を開く目的は人々を参加させることであるし，event を生み出すのはその主催者であるので，目的クオリア構造と主体クオリア構造の両者に人間が関わっている．sad は，その人間を修飾しているものとして解釈できる．

例 (53) と (54) の修飾に関しても，それぞれ，knife と record の目的クオリア構造に，「物を切る」と「演奏する」が含まれており，その切れ具合に関して good と言い，演奏時間に関して long と言っていると解釈される．

生成語彙論の枠組みについては，今後も整備・検討を続けなければならないが，修飾関係のより詳細な記述を行なうためには，クオリア構造に相当するものがどの理論でも必要になると思われる．

3.3 副詞の分布と解釈

伝統的に,副詞とは「動詞,形容詞,副詞を修飾する語」と定義され(Curme 1931),主として,その分類と生起位置に関して多くの研究がなされてきた.以下,3.3.1 節では副詞の分類について,3.3.2 節では生起位置について見ていくことにする.

3.3.1 副詞の分類

very や quite など,形容詞や副詞を修飾する副詞や,therefore, however など接続機能を持つ副詞を除くと,副詞は大きく分けて,文副詞と動詞句副詞(VP 副詞)に二分される.

文副詞は,意味機能の観点から次の 5 つに分類することができる(Greenbaum (1969), Jackendoff (1972), Bellert (1977), Cinque (1999), Ernst (2002) などを参照).

(55) a. 発話行為副詞(speech-act adverb)(または語用論的副詞(pragmatic adverb)): briefly, frankly, honestly, strictly, confidentially, etc.
   b. 法的副詞(modal adverb): apparently, certainly, clearly, evidently, possibly, probably, etc.
   c. 評価の副詞(evaluative adverb): fortunately, luckily, happily, surprisingly, regrettably, etc.
   d. 主語指向の副詞(subject oriented adverb): cleverly, wisely, carefully, intelligently, wrongly, stupidly, etc.
   e. 領域の副詞(domain adverb): logically, technically, theoretically, superficially, officially, etc.

発話行為の副詞は,話者が文を述べる際の発話の態度を表すもので,たとえば,frankly であれば,frankly speaking と言い換えることができるタイプの文副詞である.法的副詞は,文で表されている命題がどの程度,真と考えられるかを表す副詞で,たとえば certainly であれば真である度合いがかなり高いことを,possibly であれば真である可能性がゼロではな

いことを表す.

　評価の副詞と主語指向の副詞の2種は似ているが，評価の副詞は，文で表されている事象についての話者の評価を表すのに対して，主語指向の副詞は，事象についての話者の評価に加えて，主語に対する話者の評価も表している．評価の副詞を含む文は，(56a, b) のように 'It is Adj that 節' の形で，被修飾文を that 補文に置き換えた言い換えが可能であり，一方，主語指向の副詞を含む文は，(57a, b) のように 'It is Adj of X to do' や 'X is Adj to do' などの形で，対応する形容詞が主語 X を叙述する構文に言い換えられる．

(56)　a.　John fortunately passed the examination.
　　　b.　It was fortunate that John passed the examination.
(57)　a.　John cleverly ran away from the building.
　　　b.　It was clever of John to run away from the building.

　領域の副詞は，被修飾文が当てはまる領域を指定する機能を持った文副詞である．

　法的副詞は，文が表す命題内容が真である度合いを表すものであるから，そもそも，命題内容が真であるか偽であるかを問う yes-no 疑問文とは共起できない (Bellert 1977).

(58)　*{Certainly / Possibly, Perhaps / Evidently}, is John happy?

また，評価副詞も主語指向副詞も，命題内容に対して一定の判断を行なう文副詞であるので，命題内容自体に関しては真であることが前提となっている．したがって，この場合も，命題内容が真か偽かを問う疑問文とは共起しない．

(59)　a.　*Naturally, did John see anybody?
　　　b.　*Cleverly, did John examine all the cases?

　VP 副詞は，頻度，時など時制に関わるものと，様態，度合いなど動詞句で表されている事象に情報を付け足すものの，2種類に分けられる．

(60) a. 頻度や時: then, sometimes, often, usually, frequently, etc.
　　 b. 様態や度合い: hard, quickly, violently; completely, partially, etc.

副詞によっては，主語指向の文副詞と様態のVP副詞のどちらにも使われるものがある．

(61) a. Rudely, Donald left the meeting.（文副詞：ドナルドが会議から退出したことは，失礼なことだ）
　　 b. Donald left the meeting rudely.（VP副詞：ドナルドは，失礼な態度で会議から退出した）

3.3.2 副詞の生起位置

概略的には，文副詞はSに，VP副詞はVPに直接支配される位置に生起すると考えてよい．

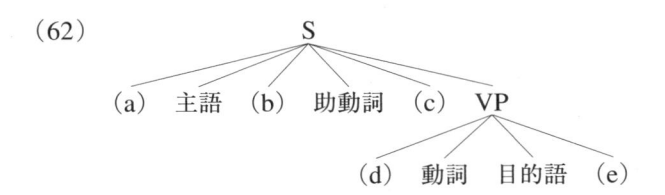

(62)
```
              S
   ┌─────┬────┴────┐
  (a)  主語  (b) 助動詞  (c)  VP
                       ┌────┼────┐
                      (d) 動詞 目的語 (e)
```

すなわち，文副詞は (62) の図の (a)，(b)，(c) の位置に生起し，VP副詞は (d) と (e) の位置に生起する．

しかしながら，副詞の種類に応じて配列順序に一定の制限が課されている．一般的に，(63) のような配列に関する条件がある（Jackendoff (1972), Cinque (1999), 中島編 (2001), Ernst (2002) などを参照）．

(63) 発話行為副詞 > 評価副詞 > 法的副詞 > 主語指向副詞 > VP副詞

発話行為副詞は評価副詞よりも左側に生じなければならない．

(64) a. Frankly, John happily was climbing the walls of the garden.

b. *Happily, John frankly was climbing the walls of the garden.

評価副詞は法的副詞よりも左側に生じなければならず，法的副詞は主語指向副詞よりも左側に生じなければならない．また，VP 副詞はいずれの文副詞よりも後に生じなければならない．

(65) a. Happily, John evidently was climbing the walls of the garden.
　　　b. *Evidently, John happily was climbing the walls of the garden.
(66) a. Evidently, John cleverly was climbing the walls of the garden.
　　　b. *Cleverly, John evidently was climbing the walls of the garden.
(67) a. Frankly / Happily / Evidently / Cleverly, John was slowly climbing the walls of the garden.
　　　b. *Slowly, John frankly / happily / evidently / cleverly was climbing the walls of the garden.

このような分布に関しては，大きく分けて 2 種類の説明が提案されている．1 つは，Cinque (1999) に代表される統語的な説明であり，もう 1 つは Jackendoff (1972) の流れを汲む，Ernst (2002) による意味的な説明である．

Cinque (1999) の説明では，各種の副詞にはそれぞれ特定の機能範疇があり，その指定部に生起する場合にかぎり，機能範疇の主要部と［主要部―指定部］の関係になり，生起が認可されるとしている．Cinque が設定している機能範疇の序列は，次のようになっている（ほかに Alexiadou (1997) も似た提案を行なっている）．

(68) [*Frankly* Mood$_{Speech-Act}$ [*surprisingly* Mood$_{Evaluative}$ [*allegedly* Mood$_{Evidential}$ [*probably* Mod$_{Epistemic}$ [*once* T (Past) [*then* T (future) [*perhaps* Mood$_{Irrealis}$ [*necessarily* Mod$_{Necessity}$ [*possibly* Mod$_{Possibility}$ [*usually* Asp$_{Habitual}$ [*again* Asp$_{Repetitive}$ [*often* Asp$_{Frequentative}$

[*intentionally* Asp$_{\text{Volitional}}$ [*quickly* Asp$_{\text{Celerative}}$ [*already* T（Anterior）[*no longer* Asp$_{\text{Terminative}}$ [*always* Asp$_{\text{Perfect}}$ [*just* Asp$_{\text{Retrospective}}$ [*soon* Asp$_{\text{Proximative}}$ [*briefly* Asp$_{\text{durative}}$ [*almost* Asp$_{\text{Prospective}}$ [*completely* Asp$_{\text{Completive}}$ [*well* Voice . . .

（Cinque（1999: 106）より．一部省略を含む）

　たとえば，frankly という副詞は，Mood$_{\text{Speech-Act}}$ によって照合される素性を持っているとされ，Mood$_{\text{Speech-Act}}$ が主要部となっている句の指定部に生起する時にかぎり，適切に素性照合が行なわれ，生起が認可される．他の副詞も同様である．

　この機能範疇の序列には言語間の違いはなく，普遍的に指定されたものと仮定されている．この機能範疇の序列の帰結として，副詞の分布も一定したものとなる．上記 (63)–(67) に見られる副詞の配列に関する制限は，(68) の序列によって説明される．たとえば，(64) のように，発話行為副詞は評価副詞よりも左側に生じなければならないが，この事実は，発話行為副詞を認可する機能範疇 Mood$_{\text{Speech-Act}}$ が，句構造において，評価副詞を認可する Mood$_{\text{Evaluative}}$ よりも上位にあることによる．

　Cinque らの統語的な説明に対して，Ernst (1988, 2002) は，各種副詞はどのような概念を意味選択するかに関して，語彙的に指定されていると仮定し，作用域（scope）という意味の観点から副詞の分布を説明している．副詞が意味選択する概念は「事実・出来事概念」(Fact / Event object: FEO) と呼ばれ，普遍的に，次のような一定の階層をなしているとされる．

(69)　SPEECH ACT > FACT > PROPOSITION > EVENT > SPECIFIED EVENT

たとえば，発話行為副詞 frankly は SPEECH ACT を意味選択し，評価副詞 happily は FACT を選択する．(69) の階層性により，frankly は happily よりも広い作用域を持たなければならない．その結果，上記 (64) にあるような語順の制限が生ずると説明される．法的副詞 probably は PROPOSITION を，主語指向副詞 cleverly は EVENT を，そして様態の

副詞などの VP 副詞は SPECIFIED EVENT を選択する．これら意味選択に関する語彙的指定と(69)の普遍的階層性の相互作用で，副詞の配列順序に関する制限が捉えられる．

　Cinque らの統語的説明も，Ernst らの意味的説明もともに，それぞれの副詞に，どの機能範疇と共起するか，あるいは，どの意味概念を作用域にとるかが語彙的に指定されている点で，共通である．また，機能範疇の序列という統語的制限によるか，意味概念の階層性という意味的制限によるかの違いはあるが，ともに，普遍的な階層性を設定している点でも共通している．そして，この階層性の動機づけに関しても，Cinque の場合は，統語的階層性の反映として，思考・認識などの概念化においても，たとえば発話行為を修飾する要素が，文の中核命題を修飾する要素よりも広い作用域をとる形式になっていると主張することになるし，一方 Ernst の場合には，概念構造における階層性の反映として統語的な階層性が現れていると主張することになる．このように，階層性の指定を，統語から概念への反映ととるか，概念から統語への反映ととるかの違いはあるが，このいずれにも動機づけが認められる．

　両者のいちばんの相違点は，Cinque の分析では，副詞が，対応する機能範疇との［主要部―指定部］の関係で，1 対 1 の厳密な位置関係になっているのに対して，Ernst の分析では，副詞の生起位置は固定しているわけではなく，相対的作用域の関係で一定の階層性を守っていればよく，生起位置にある程度の自由幅がある点である．

　この相違点に注目して副詞の分布を検討すると，生起位置に自由度がある Ernst らの分析のほうが，経験的に妥当であるように思われる．たとえば，次の例に見られるように，評価副詞の wisely は，文頭，主語の後，助動詞の後の位置に生起できる．

(70)　(Wisely,) they (wisely) will (wisely) have (wisely) declined her invitation.

Cinque の分析では，評価副詞は $Mood_{Evaluative}$ の指定部に生起する．$Mood_{Evaluative}$ は Tense よりも上位にあり，基本的には主語の後で助動詞

第 3 章　修飾の一般的特徴　119

の前の位置にあるので，wisely は基底では（70）の2番目の位置にあることになる．そして，その他の位置はすべて，何らかの移動によって説明しなければならない．文頭の位置は副詞の話題化によって捉えられるかもしれないが，will の後の位置や have の後の位置は，wisely の下方移動はありえないと仮定すると，will や have の移動によるものとしなければならない．しかし，そうすると will は基底構造で T の位置にあるので，T よりも上位に will が移動する主要部の位置が必要になる．さらに，have の後ろに wisely が生じている例に関しては，will が移動する主要部位置ばかりでなく，have が移動する主要部位置も必要になる．そのような主要部の位置は，他の現象では必要とはされておらず，この副詞の分布の説明にだけ必要とされると考えざるをえない．他方 Ernst の分析では，（70）のいずれの位置に生じても wisely は FACT を作用域にとることになるので，問題は起きない．

　さらに，wisely に加えて頻度の副詞 frequently が含まれている例を考えてみよう．

（71）　a.　She frequently has wisely gone there on Sundays.
　　　　b.　She wisely has frequently gone there on Sundays.

Ernst によると，frequently などの頻度の副詞は EVENT を作用域に含むという条件さえ満たせば，自由にさまざまな位置をとることができる．そのような語彙的な特徴から，wisely と frequently の間に生起順序の制限が見られず，（71）のように，いずれの生起順序も容認可能になる．これに対して Cinque の分析では，頻度の副詞に関しても機能範疇によって位置が固定されているので，（71）のように wisely と相対的に2つの位置関係が許される場合，副詞を主語の後ろの位置へ移動することを可能にするか，frequently を認可する機能範疇を，2つ（以上）の位置に設定しなければならないことになると思われる．しかし，副詞の移動を自由に認めてしまうと，機能範疇の序列によって説明されていた（63）–（67）の事実がそもそも説明できないことになるし，副詞を認可する機能範疇を複数箇所に認めることは，説明の簡潔性を損なうことになる．

以上の理由から，副詞の分布に関しては，Ernst による分析のほうが妥当であると思われる．

3.4 ま と め

修飾関係では，統語構造上，修飾要素と被修飾要素は姉妹関係になっており，意味解釈では，両要素の意味内容の「共通集合」(intersection) として捉えるのが基本的である．形容詞による名詞の修飾では，前位修飾と後位修飾で統語的性質が異なり，配列順序にも制約がある．また，単純な「共通集合」としては把握できない多様な意味関係も見られる．副詞による修飾は，大別して，文修飾と VP 修飾の 2 つがあるが，副詞の種類に応じて，修飾要素や副詞相互の配列に関して制限が見られる．その分布は，意味概念に言及した副詞の作用域関係によって説明することができる．

第4章 関 係 節

4.1 関係節の種類

　関係節構造は，大まかに言って，名詞句に修飾節がついた構造と言えるが，名詞句が関係節の外に現れているものと，名詞句が現れていないように見える自由関係節（free relative clause）に大きく二分される．この場合の名詞句のことを，学校文法や伝統文法では，関係詞の先行詞と呼ぶのが通例である．先行詞が現れるタイプについては，制限的関係節（restrictive relative clause）と非制限的関係節（non-restrictive relative clause）に二分されるのが通例であるが，形式的には制限的関係節に類似しているものの，意味機能の点では別種と考えられる量的関係節（amount relative clause, degree relative clause）と呼ばれるものがある．まず，これらさまざまな関係節構造について，その概略を見ることにしよう．

A. 制限的関係節

　制限的関係節は，先行詞に対して限定修飾を行なう．次の文を考えてみよう．

（1） a. Could you pass me the green file, please?
　　　 b. The box on the right has got biscuits on.
　　　 c. Is that the woman who wants to buy your car?

（1a）の green は限定修飾の形容詞で，主要部名詞の file を修飾し，どのファイルのことを言っているのかを特定する意味機能を持っている．（1b）

の on the right も同様に，それが修飾する主要部名詞 box を特定化している．(1c)の関係節も，主要部(すなわち，関係代名詞 who の先行詞である) woman について，どの女性のことを指しているのか特定する意味機能を持っている．このような，主要部を特定化する機能を持つ修飾節を，制限的関係節と呼ぶ．不定詞節が制限的関係節の働きを持つこともでき，伝統文法や学校文法では，形容詞的用法の不定詞と呼ばれる．

(2) a. I found a poem to memorize.
　　 b. I thought up a topic for you to work out.

B. 非制限的関係節

制限的関係節とは対照的に，非制限的関係節は，主要部に対して限定修飾は行なわない．主要部に対して付加的なコメントを与える働きを持つ．主要部との間には，書き言葉ではコンマ，話し言葉ではポーズが置かれる．

(3) a. Too much sun made these tomatoes, which we paid a lot for, rot on the vine.
　　 b. The girls, whose father claimed they had all passed, couldn't even spell.

C. 自由関係節

学校文法において，先行詞を内部に含む関係節と呼ばれるもので，wh句で導かれる節が先行詞を伴わずに，それ単独で項として振る舞うものを言う．

(4) a. I'll sing what you want me to sing.
　　 b. Whoever came to the concert left before the encores began.

D. 量的関係節

下記(5)の関係節は，一見すると制限的関係節と似ているが，統語的にも意味的にも制限的関係節とは異なる特徴を示す．

(5) a. I took with me the three books that there were on the table.
   b. It will take us the rest of our lives to drink the champagne that they spilled that evening.

詳細は後に述べることにして，この種の関係節構造は制限的関係節とは異なり，先行詞で表される事物のうち，関係節で記述されている内容を満たすものの数量を特に表す．たとえば，(5b)の関係節構造の部分は，「その晩，彼らがこぼしたシャンパンを飲む」という意味ではなく，「その晩，彼らがこぼしたシャンパンと同量のシャンパンを飲む」という解釈を持つ．このような関係節を，量的関係節と呼ぶ．

以下では，それぞれの関係節構造について，その特徴を見ていくことにする．

4.2 制限的関係節

本節では，制限的関係節の統語構造と意味解釈について概観する．

4.2.1 制限的関係節の統語構造

制限的関係節の統語構造に関しては，関係詞の先行詞，すなわち主要部の起源をめぐって，主に3つの分析が提唱されている．1つは，下記(6a)のように，主要部を基底構造から先行詞の位置に生成しておき，関係節の内部でwh句をCPの指定部に移動する分析で，これは主要部外在分析(external head analysis)と呼ばれる．もう1つは，下記(6b)のように，主要部を先行詞の位置に生成しておく点では主要部外在分析と同じであるが，CP内で移動するものがwh句ではなく，先行詞と同じ内容を持った名詞句であり，移動後にそれを削除してwh句に変える分析で，照合分析(matching analysis)と呼ばれる．最後に，(6c)のように，主要部を関係節内部の位置に生成し，そこから直接に先行詞の位置に移動する分析もあり，これは上昇分析(promotion analysis)と呼ばれる．

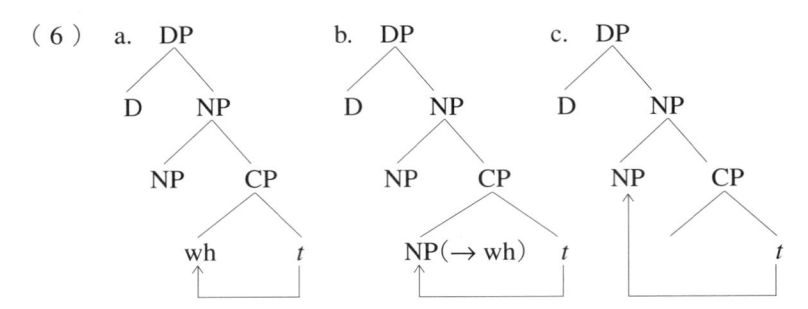

(6) a. DP   b. DP   c. DP
   ╱ ╲   ╱ ╲   ╱ ╲
  D   NP   D   NP   D   NP
     ╱ ╲   ╱ ╲   ╱ ╲
    NP CP   NP   CP   NP   CP
       ╱ ╲   ╱ ╲   ╱ ╲
      wh   t   NP(→ wh) t   t

照合分析と上昇分析の詳述は 4.6 節で行なうこととし，本節では主要部外在分析に従って関係節の統語構造を見ることにしよう．

　まず，関係節の位置について考えてみよう．通例「名詞句」と呼ばれる句は，実際には，冠詞などの決定詞（determiner: D）が主要部となっている DP であり，その D の補部の位置に NP が現れている構造をしていると考えられている．関係節は名詞句に対する付加詞として機能するので，(6a) のように NP に付加した位置に生じる（DP に付加した位置に生じない理由については後述する．⇒ 4.2.2）．付加する回数には制限がないので，一度，関係節が付加された NP の全体に，さらに別の関係節を付加することも可能である．その場合，(7) のような「積み重ね」（stacking）の構造が生じる．

(7) [$_{DP}$ the [$_{NP}$ [$_{NP}$ [$_{NP}$ man] [$_{CP}$ that grows peaches]] [$_{CP}$ that lives near your cousin]]]

　次に，関係節の内部構造に目を転じよう．下記 (8) のような who, whom, which, whose など wh 形の関係詞に導かれる関係節では，wh 移動が起きているのは自明であると思われる．一方，(9) のような that で導かれる関係節や関係代名詞が現れていない関係節では，音声的に空の関係詞があり，それが移動していると分析されている．そのような音形がない関係詞は空演算子（empty operator）と呼ばれ，Op と表記される．wh 句も Op もともに，CP の指定部に移動する（t は移動の痕跡を表す）．

第 4 章　関　係　節　125

(8) a. The journalists [CP who [IP t exposed the fraud]] are being sued.
　　 b. The senators [CP whom [IP Fred voted for t]] have resigned.
　　 c. The report [CP which [IP Karen submitted t]] implicated several of her friends.
　　 d. The guy [CP whose dog [IP you fed t]] has left town.
(9) a. We read the article [CP Op that [IP Smith recommended t]].
　　 b. The problem [CP Op [IP you told us about t]] has been resolved.

wh 形の関係詞に導かれる関係節であれ，that に導かれる関係節であれ，あるいは関係詞がない関係節であれ，すべての関係節には移動が関わっているので，次例のように，複合名詞句制約（Complex NP Constraint）などの移動に課せられる制約に従う（ϕ は空の補文標識を表す）．

(10) *This is the book [{which / that / ϕ} John believes Bill's claim that Mary wrote t five years ago].

wh 関係節, that 関係節, ϕ 関係節の構造を詳しく見るために，まず補文標識（C）のシステムを確認しておこう．
　一般に，移動は主要部の持っている素性によって駆動されると考えられている．ある主要部が移動を引き起こす素性を持っていると，その素性を満足させる要素が牽引され，その主要部の指定部に移動される．そこで，次のように仮定しよう．すなわち，wh 疑問節や wh 関係節での wh 移動は，C にある [+wh] という素性によって駆動されるとする．そして，C が [+wh] の素性を持つ場合は，C には音声的に空の補文標識 ϕ が現れなければならないが，C が [−wh] の場合は ϕ に加えて補文標識 that も現れることができると仮定する（[±wh] は，wh の音形を持つものが生ずるか否かを区別する素性で，疑問節・非疑問節を区別する [±Q] とは別であることに注意されたい）．
　この [±wh] の区別に加えて，従属節が間接疑問文などのように主節動詞の項となる場合と，関係節のように修飾要素となっている場合を区別す

る必要がある．後述するように，関係節は主要部の名詞句に対して述部 (predicate) として働く (⇒ 4.2.2)．一方，間接疑問文などは述部ではなく，項として機能している．この区別を [±pred] という素性で区別することにしよう．以上の [±wh] と [±pred] の素性の組み合わせにより，節は次の4つに分類される (Rizzi (1990) 参照)．

(11) C の素性
  a. [−wh, −pred]: (I know) [{that / ϕ} you bought the book]
  b. [+wh, −pred]: (I wonder) [which book ϕ you bought t]
  c. [−wh, +pred]: (This is the book) [Op {that / ϕ} you bought t]
  d. [+wh, +pred]: (This is the book) [which ϕ you bought t]

C の素性が [−wh, −pred] の場合，wh 移動は起きず，節は項として機能する．[−wh] であるので，補文標識として that と ϕ のどちらかが生じる．これは，動詞や形容詞の that 補文や，名詞の同格節に該当する．C の素性が [+wh, −pred] の場合，wh 移動が起き，節は項として機能する．これには間接疑問文が当てはまる．that は [−wh] の C にしか生起できないように語彙的に指定されているので，間接疑問文に that が現れることはない．

 C が [+pred] の素性を持つ場合，CP は述部として機能し，関係節がこれに該当する．後述する理由のため，CP が述部として機能するためには，演算子の移動が必要である (⇒ 4.2.2)．

 C が [−wh, +pred] の素性を持つ場合，演算子として Op の移動が要請される．補文標識として ϕ が可能であるし，[−wh] であるので that が生じることも可能である．上記 (9a, b) の that 関係節と ϕ 関係節が，この場合に該当する．

 C の素性が [+wh, +pred] の場合が，(8) の wh 関係節である．[+wh] のため wh 句が移動し，それが [+pred] の節が述部として解釈されるための演算子として機能する．補文標識として ϕ は可能であるが，[−wh] であるので that は現れない．

(12)   *The thing [which [that [t happened]]] was terrible.

この例は，Chomsky (1981) では，二重詰め COMP フィルター (Doubly-Filled COMP Filter) と呼ばれるフィルターによって排除されていた．これが提案された時には，wh 句は C の位置に移動すると仮定されていた．その仮定のもとでは，C という単一の位置に wh 句と補文標識 that の 2 つが生起することはできないというフィルターは，妥当と考えられていた．だが後に，wh 句は CP の指定部に移動すると修正され，それに伴って二重詰め COMP フィルターによる説明は妥当性を失った．(11) の素性システムによる説明は，このフィルターの代案となるものである．

wh 移動では，wh 句を含むより大きな PP や NP が wh 語といっしょに移動することも可能である．このような現象を，随伴 (pied-piping) と呼ぶ．上記 (8d) の例や次の例が，随伴の例である．

(13) a. The problem [about which you told us t] has been resolved.
b. This is the book [[the preface of which] [I have proofread t]].

随伴は，C の素性が [+wh, +pred] の場合だけ (つまり wh 句が移動する時だけ) 可能であり，C が [−wh, +pred] の素性を持つ場合 (つまり Op 移動の場合) には，*the problem [about Op you told us] が示すように，許されない．これは，Op が格標示を受ける位置には生じられないという性質があることによると思われる．

that 関係節の that と that 補文の that は，ともに補文標識ではあるが，両者の間には違いがある．

(14) a. *Who do you believe [t_2 that [t_1 kissed Mary]]?
b. Who do you believe [t_2 ϕ [t_1 kissed Mary]]?
(15) He is the man [Op that [t kissed Mary]].

(14) の例は，that 補文の例である．この場合，(14a) のように主語が wh 移動されると，that が生じることはできない．この現象は「COMP 痕跡現象」(COMP-trace phenomena) と呼ばれる．この現象についてさまざまな説明が提案されてきたが，ここでは次のように考えることにしよう．

すなわち,主語の痕跡は CP の指定部にある先行詞によって認可を受けなければならないが,痕跡とその先行詞の間に音形を持つ要素が介在すると,その認可が阻止されると考えることにしよう.(14a)において,主語の痕跡(t_1)は,その先行詞(t_2)によって適切に認可を受けなければならない.しかし,音形を持つ that が介在することによって,その認可が阻止され,その結果,この文は非文法的になる.(14b)では,t_2 と t_1 の間に音形を持つ要素が介在していないので,t_1 は t_2 に認可を受け,この文は適格になる.

次に,(15)の例は that 関係節の例であるが,この場合は(14a)とは異なり,that が Op と t の間に介在していても文法的である.これについては,that 関係節の that は,下の(16)のように,指定部と主要部の関係に基づいて,指定部にある Op から先行詞としての資格を受け継ぎ,主語の痕跡に認可を与えると考えられている(Pesetsky 1982).

(16)　...[$_{CP}$ Op　[$_{C'}$ that　[$_{IP}$　t ...]]]

なお,(15)の例の that を ϕ に換えると,非文法的になる.

(17)　*He is the man [Op ϕ [t kissed Mary]].

これは,関係節の始まりを示す合図となる音形を伴った要素がなくなることにより,あたかも the man kissed Mary の部分が節を形成しているように,誤って文解析されてしまうことによると思われる.外置された関係節(18)や「積み重ね」構造における 2 番目以降の関係節(19)でも,ϕ 関係節は許されないが,これも(17)と同様,知覚処理(perceptual strategy)上の困難性によるものと思われる.

(18)　John gave a book to Mary [{which / that / *ϕ} he wrote].
(19)　The book [{which / that / ϕ} Bill bought] [{which / that / *ϕ} Max wrote] was boring.

4.2.2 制限的関係節の意味解釈

制限的関係節は，先行詞に対して限定修飾を行なう．第3章で述べたように，限定修飾は，修飾される表現 α の性質を持つものの集合と，修飾表現 β の性質を持つものの集合の交わり（intersection = 共通集合）として捉えられている．そして，述部修飾（predicate modification）という意味解釈規則がその解釈を行う．

(20) 述部修飾規則：
α が，β と γ を直接支配する節点で，β と γ の意味タイプがともに $\langle e, t \rangle$ である場合，$[\![\alpha]\!] = [\![\beta]\!] \, \& \, [\![\gamma]\!]$ と解釈せよ．

3.1節での説明を要約して繰り返しておこう．意味タイプとは，言語表現が指示する対象のことを言い，e という意味タイプは人や物などの事物を表し，t という意味タイプは真偽値を表す．John など固有名詞や定名詞句は典型的に e のタイプであり，命題を表す節は t のタイプである．その他の表現の意味タイプは，この e と t の組み合わせで表現される．$\langle e, t \rangle$ とは，e のタイプの意味を項としてとり，それを t のタイプの意味を値として出す関数である．一項動詞，形容詞句，（述部）名詞句などが $\langle e, t \rangle$ のタイプの代表例である．

形容詞や普通名詞も $\langle e, t \rangle$ タイプであり，たとえば expensive と car はそれぞれ，expensive であるものの集合，car であるものの集合を表す．関数として捉えるならば，expensive の意味は，事物を項としてとり，それが expensive であるものの集合に含まれるならば真という値を出し，そうでないならば偽の値を出す関数と言える．同様に，car の意味も，ある事物が car であるものの集合に含まれるならば真を，そうでないならば偽の値を出す関数と言える．

次に，限定修飾の構造と述部修飾規則の適用の実際を見てみよう．次のDP では，AP の expensive が NP の car に付加し，修飾している．

(21) [DP the [NP [AP expensive] [NP car]]]

AP の expensive も NP の car も，$\langle e, t \rangle$ タイプの表現であり，上位の

NP の直接構成素となっている．述部修飾規則 (20) に照らし合わせると，上位 NP が α に，AP と下位 NP が β と γ に該当する．したがって，述部修飾規則の適用により，上位 NP の意味は，次のように解釈される．

(22)　⟦expensive car⟧ = ⟦expensive⟧ & ⟦car⟧

このように述部修飾規則は，expensive car の意味が，expensive でかつ car であるものの集合を表すことを導き出す．定冠詞の the は，その補部である NP が単数の場合，それが表す集合に属するものが談話の中に唯一的に存在することを前提とし，全体としてタイプ e の表現を作る．その結果，the expensive car は，この表現が用いられる状況において，「高価」で「車」である個体が 1 つ存在することを前提とし，その車を指示する意味を持つ．

　以上を踏まえたうえで，制限的関係節の意味解釈について考えてみよう．the expensive car が the car which is expensive とほぼ同義であることからわかるように，関係節は形容詞句と同じように機能している．すなわち，expensive が expensive であるものの集合を表しているのと同じように，which is expensive は，x is expensive であるような x の集合を表していると言える．言い換えれば，関係節は，形容詞句と同じく述部として取り扱うことができる（この，関係節を述部として扱うという洞察については Williams (1980) を参照）．

　このように，関係節の「演算子＋変項」の構造を述部へと解釈する意味解釈規則として，述部抽象化規則（predicate abstraction）という規則が提案されている（Heim and Kratzer (1998: 96) 参照）．

(23)　述部抽象化規則：
　　　α が，関係詞演算子 Op と β を直接支配する節点であるとき，⟦α⟧ は，x を項としてとり，それを ⟦β⟧ (x) へと写像する関数と解釈せよ．ここで x とは，Op に束縛された変項（Op の痕跡や Op に束縛された代名詞）を言う．

述部抽象化規則がどのように働くのかを，次の例を用いて見ることにしよ

う．

(24) [$_{DP}$ the [$_{NP}$ [$_{NP}$ movie] [$_{CP}$ which [$_{C'}$ ϕ [$_{IP}$ Mary saw t]]]]]

関係節の CP は，演算子 which と C′ を直接支配しており，(23) の α に該当する．C′ 内の which の痕跡を x に書き換えると，C′ は [ϕ Mary saw x] となる．そして (23) により，関係節 CP の意味，すなわち 〚CP〛は，x を 〚Mary saw x〛 へと写像する関数と解釈される（ϕ は意味内容を持たないので無視される）．これは，個体に対応する変項である x を命題の真偽値である 〚Mary saw x〛 へと写像しているので，上記の expensive などと同じ $\langle e, t \rangle$ タイプの表現である．関係詞の先行詞である NP の movie も $\langle e, t \rangle$ タイプの表現であるので，述部修飾規則 (20) の適用を受け，上位の NP が次のように解釈される．

(25) 〚movie which Mary saw t〛 = 〚movie〛 & 〚Mary saw x〛(x)

これは，movie which Mary saw の意味は，movie であるものの集合と，Mary saw x の x に該当するものの集合の交わりであるということを示している．

最後に定冠詞の the の意味が (25) の結果と合成され，その結果，(24) の表現は，この表現が用いられる状況において，映画であり，かつメアリーが見たものである個体が 1 つ存在することを前提とし，その個体を指示する意味を持つことが正しく説明される．

前節 4.2.1 において，制限的関係節は NP に付加し，DP には付加しないと述べた．これは，意味タイプのミスマッチによるものとして説明される．NP は $\langle e, t \rangle$ タイプであり，それに同じく $\langle e, t \rangle$ タイプの関係節が付加すると，述部修飾規則の構造記述に適合し，適切に解釈が進む．しかし，仮に関係節が DP に付加すると，DP は e タイプであるので述部修飾規則の適用を受けず，適切な解釈が得られないために非文法的になる．制限的関係節が固有名詞や代名詞を先行詞としない事実は，このようにして説明される．

述部抽象化規則によって変項に置き換えられるのは，wh 句や Op と

いった演算子の痕跡だけではなく，演算子に束縛された代名詞も変項に換えられる．次の例を見てみよう．

(26) a. A man [who$_i$ t_i loves his$_i$ wife] arrived early.
b. ?*A man [who$_i$ his$_i$ wife loves t_i] arrived early.
(Safir 1986: 667)

一般に，演算子は，それが束縛する代名詞を越えて移動すると，容認可能性が落ちる．この現象は，弱交差現象（Weak Crossover）と呼ばれている．(26b)では，who が，それが束縛する his を越えて移動しているので，弱交差の条件により容認可能性が落ちている．

次の例では，wh 句の痕跡があるべき位置に，代名詞が生じている．

(27) a. the guy who$_i$ they don't know whether *he*$_i$ wants to come
b. the lawyer who$_i$ *he*$_i$ and his wife had dinner here last night
c. a student who$_i$ I can't make any sense out of the papers that *he*$_i$ writes

このような代名詞は，再述代名詞（resumptive pronoun）と呼ばれる．英語では周辺的な現象であるが，(28)のような such that の構文では頻繁に見られる．

(28) a man such that Mary reviewed the book *he* wrote

再述代名詞は，島の条件（island conditions）などにより，本来 wh 移動が不可能な文脈において，痕跡の代用として用いられる．たとえば，(27a)の he の位置は，wh 島の条件によって wh 移動が許されない位置であるし，(27b)と(27c)の he の位置は，それぞれ等位接続構造制約（Coordinate Structure Constraint）と複合名詞句制約によって，移動が許されない位置である．移動が可能な位置に再述代名詞が生じると，容認可能性が落ちる（Kroch 1981）．

(29) She's the only woman here that I know *t* / *her well.

再述代名詞の現象については，wh 句を CP の指定部の位置に移動する

のではなく，もともとその場所に生成し，述部抽象化規則によって解釈するのが妥当と思われる．疑問文の wh 移動構造では述部抽象化規則が適用されないので，再述代名詞の構造になっても適切な解釈が行なわれず，非文法的になる．

(30) a. We were talking about the guy that Mary was wondering whether she should hire *him*. （関係節）
 b. *?Who were you wondering whether *he* left early? （疑問文）
(Safir 1986: 685)

4.2.3 後位修飾

次の例において，[ ] でくくられた前置詞句，形容詞句，分詞句はすべて，先行する名詞句を限定修飾している．

(31) a. The boy [$_{PP}$ in the doorway] waved to his father.
 b. This is a flavor [$_{AP}$ peculiar to an orange].
 c. The man [$_{Present\ Participial\ Phrase}$ holding the bottle] disappeared.
 d. The papers [$_{Past\ Participial\ Phrase}$ removed from the safe by the robbers] have not been found.

これらの表現は，以前は，基底構造として関係節を設定し，そこから関係代名詞と be 動詞を削除することによって派生されるとされていた．そのような規則は関係節縮約 (Relative Clause Reduction)，または Whiz 削除と呼ばれる．この規則は，たとえば，the boy who was in the doorway から who was を削除して the boy in the doorway を導き出す．しかし，そのような派生を設定しなくても，直接 PP なり AP なりが NP に付加している構造を仮定すればよい．たとえば，in the doorway という PP は $\langle e, t \rangle$ の意味タイプであるので，述部修飾規則 (20) によって，先行する boy の意味と適切に合成することが可能だからである．これら後位修飾要素も，関係節と同様の理由により，DP に付加することはできない．そのため，固有名詞や代名詞を後位修飾することはできない．

(32) *{John / He} in the doorway waved to his father.

（31c）のような -ing 形の分詞による後位修飾は，進行相の解釈を受けるのが通例であるが，それは動詞が動作を表す場合に限られる．-ing 形の分詞が常に進行相の解釈を受けるわけではない．次の例のように，進行形にならない動詞でも後位修飾が可能である（Williams 1975: 250-51）.

(33) a. the first man knowing all the answers (*the first man who is knowing all the answers)
b. a woman resembling my mother (*a woman who was resembling my mother)
c. the company owing the building (*the company which is owing the building)

所有や付帯状況を表す with 句は be 動詞の述部に現れることはできないが，名詞句の後位修飾はできる（Baker 1995: 322）.

(34) a. The teams [with good records] will meet in the second round.
b. *The teams are [with good records].
c. The teams have good records.
(35) a. The fellow [with a fly on his nose] owns this establishment.
b. *The fellow is [with a fly on his nose].
c. The fellow has a fly on his nose.

この場合の with 句も，〈e, t〉タイプの述部として機能していると考えてよい．(34b), (35b) の be + with 句の形式は，意味解釈上は問題がないのであるが，(34c), (35c) のように，同じ意味関係を表すより一般的な have を使った形式があるため，生起が阻止されていると考えられ，統語的な阻止現象（blocking）を示す例であると思われる（なお，後位修飾については，3.2.3 も参照）.

4.2.4 関係副詞

先行詞が場所や時間を表す名詞で，その先行詞と関係づけられる関係節内の要素が，同じく場所や時間を表す副詞要素である場合，関係副詞の

where / when を用いて関係節構造を作ることができる．関係副詞の範疇は PP であると考えて差し支えない．

(36) a. I remember [the house [where I was born [$_{PP}$ t]]].
b. [The day [when we arrived [$_{PP}$ t]]] was a holiday.

why も関係副詞であるが，reason を先行詞とするのが通例である．

(37) There is no reason why I should be here all by myself.

that 関係節や φ 関係節が関係副詞節として使われることがあるが，その場合，先行詞は place / way / direction（場所・方向），day / month / year（時），way（様態）などの一定の名詞に限られ，場所・方向の location / city / course / path，時の occasion / vacation，様態の manner / fashion などは用いることができない（Larson 1985）．

(38) a. the {place / *location / *city} (that) you live t
b. the {way / direction / *course / *path} (that) we are traveling t
c. the {day / month / year / *vacation / *occasion} (that) you traveled to France t
d. the {way / *manner / *fashion} (that) you talk t

これらの例で容認可能になっている名詞類は，前置詞を伴わずに名詞単独で副詞のように用いることができる名詞類である．

(39) a. I will have lived every {place / *city} that John has lived.
b. I spoke to him the same {way / *fashion}.
c. Max arrived that {day / *occasion}.

place / way / day などの名詞は，前置詞を伴わなくても副詞的機能を果たせる性質を持っているので，それが先行詞となっている (38) の関係節でも，関係節内部に前置詞がなくても適格になると言える（the place that you live in t のように前置詞がある場合も，もちろん適格である）．

だが，このような用法が許されない fashion / city / occasion などの名詞が先行詞となっていても，それが主節で適切な前置詞の目的語になっている場合，that / φ に導かれる関係副詞節を伴い，しかも関係節内に存在すべき適切な前置詞を欠いた構造が許される (Larson 1987)．ただし，この構造の容認可能性の判断には話者によって揺れがあるようである．

(40) a. We parted in the same cordial fashion [that we had met __].
　　 b. By 1999, I will have lived in every city [that John has lived __].
　　 c. Max arrived on the (same) occasion [that Bill arrived __].

Larson は，(40) で消失している前置詞は，LF のレベルで復元されると考えている．その前置詞を復元する仕組みとして，(41) に見られるような，動詞句削除における先行詞内削除 (antecedent-contained deletion) の仕組みを用いる．

まず，動詞句削除における先行詞内削除の取り扱いを概観しておこう．

(41)　John [$_{VP}$ suspected [$_{DP}$ everyone that Mary did [$_{VP}$ e]]].
(42) a. John suspected everyone that Mary [suspected everyone that Mary did [$_{VP}$ e]].
　　 b. [everyone that Mary did [$_{VP}$ e]]$_i$ [John Past [$_{VP}$ suspect t_i]]
　　 c. [everyone that Mary did [$_{VP}$ suspect t_i]]$_i$ [John suspected t_i]

(41) にある空の VP を復元するためには，主節の VP を用いなければならない．だが，主節の VP の中に復元すべき空の VP が含まれているので，単純に復元しようとすると (42a) のように空の VP が残ったままになってしまう．しかし，この空の VP を含む大きな要素に everyone が主要部になっている DP があり，これを数量詞繰り上げ (Quantifier Raising) によって主節に付加させると，(42b) のように空の VP もいっしょに，主節の VP の外に出せることになる．この段階で主節の VP である [$_{VP}$ suspect t_i] を空の VP に転写すると，(43c) のように適切に復元が行なわれることになる．以上が，動詞句削除における先行詞内削除の標準的な分析である．

さて，先行詞内削除の仕組みを用いた消失前置詞の現象の説明を見てみよう．(40b) を例にとろう．

(43) a. I will have lived [$_{PP}$ in [$_{DP}$ every city [that John has lived [$_{PP}$ e]]]].
b. [$_{DP}$ every city [that John has lived [$_{PP}$ e]]]$_i$ [I will have lived [$_{PP}$ in t_i]]
c. [$_{DP}$ every city [that John has lived [$_{PP}$ in t_i]]]$_i$ [I will have lived [$_{PP}$ in t_i]]

(43a) の every city で始まる DP を数量詞繰り上げによって移動した後の構造が (43b) である．ここで主節の PP[$_{PP}$ in t_i] を関係節内の空の PP に転写すると (43c) になる．この構造では，欠けている前置詞が適切に復元されている．

4.2.5 不定詞関係節

これまで見てきた制限的関係節はすべて時制節であったが，不定詞が関係節になることも可能である．不定詞関係節では，次の例に示されるような4通りの構造がある．

(44) a. I found [a poem [to memorize __]].
b. I found [a poem [for you to memorize __]].
c. I found [a man [__ to fix the sink]].
d. There is [a man [with whom to negotiate __]].

先行詞に対応する空所を見ると，(44a, b) では不定詞の目的語が，(44c) では不定詞の主語が，(44d) では前置詞句の補部が空所になっている．このような不定詞は，学校文法では形容詞的用法の不定詞と呼ばれている．

この構造はどのように取り扱われるのかを見ることにしよう．4.2.1 節で見た C の素性体系は定形節に関するものであったが，この体系は不定詞節にも拡張できる．不定詞節も，関係節として機能する場合は，その主要部である C は [+pred] の素性を持つ．不定詞の補文標識 for は，that

と同じく [–wh] の素性を持つものと仮定しよう．φ の補文標識は，定形節の場合と同様，[+wh] と [–wh] の両方が可能である．

(45) [$_{DP}$ a man [$_{CP}$ ＿ [$_{C'}$ {for / φ} [$_{IP}$ DP to VP]]]]

まず，(45) の一般形で，補文標識として for が選択された場合から考えよう．for は前置詞の for と同じく格標示する能力を持ち，補部 IP の主語の格を認可できるので，IP の指定部には語彙的な名詞句(たとえば John など)が生じる．だが for は [–wh] であるので，wh 句の移動は許されない．

(46) a. *[$_{DP}$ a man [$_{CP}$ who(m) [$_{C'}$ for [$_{IP}$ John to negotiate with t]]]]
　　　b. *[$_{DP}$ a man [$_{CP}$ with who(m) [$_{C'}$ for [$_{IP}$ John to negotiate t]]]]

Op 移動が行なわれる場合，主語の移動と補部の移動の 2 つが考えられるが，主語の移動の場合は，(47a) のように COMP 痕跡現象の構造になってしまい，排除される($\Rightarrow$ 4.2.1)．したがって，for が選択された場合は，補部からの Op 移動を行なった (47b) の形式だけが許される．(47b) の形式は上記 (44b) の事例に該当する．

(47) a. *[$_{DP}$ a man [$_{CP}$ Op [$_{C'}$ for [$_{IP}$ t to negotiate with Bill]]]]
　　　b. 　[$_{DP}$ a man [$_{CP}$ Op [$_{C'}$ for [$_{IP}$ John to negotiate with t]]]]

次に補文標識 φ が選択された場合を考えよう．φ は for とは異なり，格標示の能力を持たない．したがって，IP の主語位置には語彙的な名詞句ではない PRO だけが生起する(あるいは，Chomsky (1995: 119) に従うならば，補文標識 φ の不定詞節の Infl は空格 (null Case) と呼ばれる特殊な格を認可し，それを持つのは PRO だけであるので，PRO のみが生起する)．

φ が [–wh, +pred] の場合，次の 2 つの構造がある．(48a) は補部の Op が移動した構造であり，(48b) は移動が行なわれていない構造である．このうち，(48a) が上記 (44a) に該当する．

(48) a. [$_{DP}$ a man [$_{CP}$ Op [$_{C'}$ ϕ [$_{IP}$ PRO to negotiate with t]]]]
b. *[$_{DP}$ a man [$_{CP}$ [$_{C'}$ ϕ [$_{IP}$ PRO to negotiate with Bill]]]]

(48b)に関しては，統語構造の面では問題がないように思われる．しかし，4.2.2節で概略を述べた関係節の意味解釈の仕組みによると，この構造はこのままでは解釈できない．この構造における CP は演算子を直接支配していないために，述部抽象化規則(23)の適用を受けられないからである．そこで，(48b)の構造の代わりに，C の投射がない (49) の構造が可能であると仮定しよう．加えて，PRO も，述部抽象化規則における「演算子」の1つとして解釈されると仮定しよう．

(49) [$_{DP}$ a man [$_{IP}$ PRO to negotiate with Bill]]

(49)の IP は PRO と I′ を直接支配しているので，(23)の述部抽象化規則の適用を受け，(50)の解釈を与えられる(不定詞の Infl である to の持つ意味の表示は省略)．

(50) 〚IP〛= 〚x negotiate with Bill〛(x)

動詞句内主語仮説によると，主語は動詞句の指定部位置に基底生成され，後に IP の指定部へと移動する．したがって，(49) の PRO は不定詞節の VP の指定部位置から移動したものであり，その位置に痕跡を残している．(50) ではそれが，変項として解釈されている．(50) に示された解釈では，IP は 〈e, t〉 タイプの意味を持ち，述部修飾規則(20)によって，適切に先行詞の man と意味合成することができる．この (50) の構造が，上記 (44c) のような例に該当する(主語が空所の不定詞関係節が，このような構造を持っていることの議論については，Bhatt (1999) を参照のこと)．

　最後に，補文標識 ϕ が [+wh, +pred] の素性を持つ場合を考えよう．この場合，wh 移動が起きる．前置詞 with を随伴する場合としない場合で，次の2つの形式が出てくる．

(51) a. [$_{DP}$ a man [$_{CP}$ with whom [$_{C'}$ ϕ [$_{IP}$ PRO to negotiate t]]]]

b. *[DP a man [CP whom [C' φ [IP PRO to negotiate with *t*]]]]

(51a) が上記 (44d) の形式に該当する．問題は，(51b) の構造をどのようにして排除するかである．この問題については，Emonds (1976), Chomsky and Lasnik (1977), Kayne (1994), Pesetsky (1998), Law (1999) などによりさまざまな解決案が提案されてきたが，いまだ妥当と思われる分析は現れていないように思われる．ただし，単に，(51a) のように wh 句が何かを随伴していれば文法的になるというわけではなく，随伴された要素が全体として PP になっていなければならないという条件があることは注意すべきである (石居 1985)．

(52) a. *He bought a book [CP [NP the content of which] to discuss *t* with Mary].
  (cf. He bought a book the content of which he could discuss with Mary.)
 b. It would be interesting to find clearer examples [CP [PP on the basis of which] to decide among the slightly different alternative analysis *t*].

(52) のように，NP の wh 句が移動すると非文法的になり，PP の wh 句が移動すると文法的になる現象は，イタリア語やフランス語の (定形) 関係節でも観察される事実である (Kayne 1994: 88–89)．

(53) a. la persona {*[NP cui] / che} Bill ha visto [Italian]
  (the person {*who / that} Bill has seen)
 b. la persona [PP con cui] Bill ha parlato
  (the person with whom Bill has spoken)
(54) a. *l'homme [NP la femme de qui] tu as insultee [French]
  (the man the wife of whom you have insulted)
 b. l'homme [PP avec la femme de qui] tu t'es despute
  (the man with the wife of whom you argued)

上記 (53)–(54) のような事実と (52) の事実の間にどのような関係があ

るのかについては，今後の研究が待たれている．

最後に，不定詞関係節構造の意味的な性質について見ることにしよう．不定詞関係節の解釈は，不定詞節の主語が空所になっている場合と，主語以外が空所になっている場合とで異なる（Bhatt 1999）．

(55) 主語が空所になっている場合
　　a. [The man [＿ to fix the sink]] is here.
　　b. [The book [＿ to be read for tomorrow's class]] is kept on the table.
　　c. [The first man [＿ to walk on the moon]] visited my school yesterday.

(56) 主語以外が空所になっている場合
　　a. This is [a book [PRO to read ＿]].
　　b. He bought [a knife [PRO to cut bread with ＿]].
　　c. I met [the person [PRO to believe [＿ to be innocent]]].

主語が空所になっている (55a, b) のような文は，「be + 不定詞」構文と同様の解釈を持つ．たとえば，(55a) (= (57a)) は (57b) と同義と考えてよい．(55a) の不定詞節は，上記 (49) に示したように，PRO を主語に持つ IP であり，述部となって先行詞を修飾している．そのように，不定詞節が述部となっている構造は，be + 不定詞節の構造と同じであり，そのため両者は同様の解釈を持つことになる．

(57) a. The man to fix the sink is here. (= (55a))
　　b. The man [who is to fix the sink] is here.

また，(55c) のように先行詞に first など序数的な要素が現れた主語空所の不定詞関係節は，非法的（non-modal）な解釈を受け，語用論的に過去の出来事を表すものと解釈され，(55c) は「月面を歩いた最初の人間」という解釈になる．

一方，主語以外の部分が空所になっている (56) のような不定詞関係節は，法的（modal）な解釈を受け，非実現（will）・義務（should）・可能（can）など法助動詞でパラフレーズされるような意味を表す．たとえば

(56a) は，義務を表し，「読むべき本」という解釈になる．

4.3 非制限的関係節

制限節が先行詞に対して形容詞のように限定修飾を行なうのとは対照的に，非制限節は，先行詞に対してコメントを付け加える機能を持ち，同格表現の一種と考えられる．制限節の wh 句や Op などの演算子は，述部抽象化規則（23）によって解釈を受け，関係節全体は $\langle e, t \rangle$ タイプの述部になるが，それとは対照的に，非制限節の wh 関係詞は，関係節内部ではその痕跡を束縛変項とする演算子ではあるものの，関係節の外との関係では，通例の代名詞であると言ってよく，先行詞と同一指示を持つものとして解釈される．非制限節は，主節に対して挿入された独立節のように解釈され，等位接続された文などでパラフレーズされることが多い (Emonds 1979; McCawley 1982; Safir 1986)．制限節と非制限節には，次の（A）–（H）の相違点がある．

（A）　非制限節では，先行詞との間にコンマで示される音調の切れ目が生じるのが通例である（下記（58a）参照）．これは，(58b) の同格表現で前後にコンマが現れるのと同様の現象である．制限節ではそのような音調は現れない．

(58) a. I even got to meet and shake hands with Jimmy Page, who brushed by me back stage on the last evening.
　　 b. Terry Reid, a friend of Jimmy Page's, suggested Robert for Led Zeppelin.

（B）　制限節では that や ϕ の形式の関係詞が許されるが，非制限節では wh 形の関係詞しか許されない．

(59) a. The man {who / that / ϕ} Bill saw sneezed.
　　 b. The man, {who / *that / *ϕ} Bill saw, sneezed.

上述したように，非制限用法の wh 関係詞は代名詞であると考えられる．したがって，通例の代名詞が省略できないのと同じ理由で，非制限用法の

wh 関係詞は省略が許されない．また空の演算子 Op には，そもそも代名詞としての用法がないため，(59b) が示すように，that 関係節や φ 関係節は許されない．

(C) 制限節では固有名詞を先行詞にすることができないが，非制限節では可能である．

(60) a. *George that likes no one enjoys Handel.
b. George, who likes no one, enjoys Handel.

制限節は述部修飾規則 (20) によって先行詞と結びつく性質上，その先行詞は 〈e, t〉 タイプの普通名詞でなければならない．固有名詞は e タイプの表現であるので，(60a) に示されるように，意味タイプのミスマッチを起こして不適格になる．一方，非制限節は述部修飾規則による解釈は受けないので，そのような制約はない．(60b) の wh 関係詞は代名詞であり，先行詞の George と同一指示になっている．これは，たとえば下記の (61) における通例の代名詞 he が George を指すのと同じである．

(61) George enjoys Handel, though he likes no one.

なお，固有名詞であっても普通名詞として転化されている場合は，制限節の先行詞になることができる．

(62) This cannot be the England that I know and love.

(D) 非制限節は，名詞句 (DP) ばかりでなく，文，動詞句，形容詞句なども先行詞にできる（Jackendoff (1977: 175) などを参照）．

(63) a. *Bill came late*, which bothered Susan.
（Bill came late, and that bothered Susan.）（文先行詞）
b. Joe *debated in high school*, which Chuck did, too.
（Joe debated in high school, and Chuck did it, too.）（動詞句先行詞）
c. Bill is *drunk all the time*, which is probably how you'd like to be.

　　　　　　(Bill is drunk all the time — is that how you'd like to be?)
　　　　　　(形容詞句先行詞)

各例の( )中の例文が示すように，代名詞の that や it も，文，動詞句，形容詞句を先行詞にできる．非制限節の関係詞 which はそれと同じ用法の代名詞であるので，上記のような要素を先行詞にとることができる．一方，制限節の wh 関係詞は代名詞ではないので，これらを先行詞にとることができない．

　(E)　非制限節では，any, every, some など数量詞がついた名詞句を先行詞にすることができない．

　(64)　a.　{Any / Every} man who drives a Cadillac is insane.
　　　　b.　*{Any / Every} man, who drives a Cadillac, is insane.
　　　　　　　　　　　　　　　　　　　(Jackendoff 1977: 175)
　(65)　a.　Someone who attended the party had a good time.
　　　　b.　*Someone, who attended the party, had a good time.
　　　　　　　　　　　　　　　　　　　(McCawley 1988: 418)

　これも，非制限節の関係詞が代名詞であることの帰結とすることができる．非制限節は先行詞に同格表現としてコメントを付加する機能を持ち，主節とは独立した挿入文として振る舞う．代名詞が数量詞を伴った名詞句を先行詞とし，それに依存した解釈を持つ場合，その代名詞は束縛代名詞 (bound pronoun) になるため，先行詞に構成素統御 (c-command: c 統御) されていなくてはならない．しかし，非制限的関係節はコメント節として主節に繰り込まれているものの，独立文として機能しているので，構造上，主節要素に構成素統御されていないと考えられる．そのため，(64b) や (65b) の例は，束縛代名詞の生起に関わる条件に違反し，非文法的になっている．

　(F)　非制限節は外置を受けることはなく，必ず先行詞に隣接していなければならない．

　(66)　a.　A man who was dressed in black walked in.

      b.   A man walked in who was dressed in black.
(67) a.   Marcia, who you wanted to meet, has just arrived.
      b. *Marcia has just arrived, who you wanted to meet.

非制限節が持つこの性質は，同格表現が，その言い換えの対象とする表現の直後に生じなければならないことと同じ理由によるものと考えられる．

(G)   非制限節は「積み重ね」ができない．

(68) a.   The student who took the qualifying exam who failed it wants to retake it.
      b. *Sam Bronowski, who took the qualifying exam, who failed it, wants to retake it.

これも，同格表現が，言い換え対象の要素に2重につくことができないのと同じ理由によると思われる．

(H)   制限節と非制限節が同じ名詞句についた場合，制限節が先行しなければならない．次の例において，下線を付された関係節は制限節を表している．(69a)のように，制限節が非制限節に先行する場合は文法的であるが，(69b)のように非制限節が先行すると，容認不可能になる．

(69) a.   The contestant <u>who won first prize</u>, who is the judge's brother-in-law, sang dreadfully.
      b. *The contestant, who is the judge's brother-in-law, <u>who won first prize</u> sang dreadfully.

4.2.2節で述べたように，制限関係節は，DPではなくNPを先行詞に持つ．したがって，(69b)の非制限節は，NPであるcontestantを先行詞にしていることになってしまう．これは，コメント機能を持つ非制限節は，意味解釈上，DP表現を先行詞にし，非制限節のwh関係詞がDP表現を受ける代名詞であることに反する．その結果，(69b)は非文法的になっている．

4.4 自由関係節

関係詞の what や whatever などは，先行詞を持たずに関係節を形成する．そのような関係節は自由関係節（free relative clause）と呼ばれ，学校文法では，先行詞を内在させた関係節と説明されることが多い．

(70) a. I'll buy what you are selling.
b. John always wears whatever he should wear.

たとえば，(70a) の what you are selling は the thing that you are selling と言い換えが可能であり，関係詞 what は，the thing that という先行詞と関係詞を併せ持った機能を果たしていると説明される．

自由関係節は，-ever などがついた場合などを除外すると，表面的に間接疑問文と同じ形式になるため，両者を区別する必要がある．次の (71a) の wh 節は自由関係節であり，(71b) の wh 節は間接疑問文である．

(71) a. I'll buy what he is selling.
b. I'll inquire what he is selling.

両者の区別は，述語が疑問節をとるかどうかに依存する．buy は疑問節を補部にとらない動詞であるので，(71a) の wh 節は自由関係節であり，一方，inquire は疑問節を補部にとる動詞であるので，(71b) の wh 節は間接疑問文となっている．

自由関係節と間接疑問文の間にはいくつか相違点があり，その 1 つとして，外置が可能であるのは，疑問文だけである．

(72) a. What she knows is unclear. → It is unclear what she knows.
b. What she makes delights everyone. → *It delights everyone what she makes.

また，主語の位置に生じた場合，疑問文では必ず単数一致を示すが，関係節では what(-ever) がついている名詞の数に応じた一致が起き，その名詞が複数の場合は，複数一致を示さなければならない．

(73) a. What books she has isn't (*aren't) certain.
b. Whatever books she has are (*is) marked up with her notes.

さらに，間接疑問文では wh 句が前置詞を随伴することが可能であるが，自由関係節ではそれが許されない．

(74) a. I'd like to know which paper John is working on.
b. I'd like to know on which paper John is working.
(75) a. I'll reread whatever paper John has worked on.
b. *I'll reread on whatever paper John has worked.

最後に，疑問文では else が生じることができるが，関係節では生じない．

(76) a. Alice didn't know what else Albert bought.
b. *Alice didn't wash what else Albert bought.

自由関係節では，関係詞である wh 句の範疇が，関係節全体の範疇を決めるという特徴が見られる．たとえば，下記 (77a) のように，関係詞が名詞句の whatever の場合は全体も名詞句になり，他動詞の目的語になるが，(77b) のように，関係詞の wh 句が however tall のように形容詞句であるならば，関係節全体も形容詞句になり，be 動詞の補部に現れる．

(77) a. I'll buy whatever you want to sell.
b. John will be however tall his father was.

このように，関係詞の wh 句と関係節全体の範疇が一致する現象を，「一致の効果」(matching effect) と呼ぶ．

Bresnan and Grimshaw (1978) は，この一致の効果を説明するため，自由関係節では，wh 句は移動により節頭の位置に生じているのではなく，基底構造から関係節の主要部としてその位置に生成されていると主張した．この主張によれば，一致の効果は，主要部の範疇が句全体の範疇を決めるという，一般的な句構造の特徴の帰結とすることができる．一方，Groos and van Riemsdjik (1987) は，自由関係節の主要部は空の要素が

あり，wh 句はその空の要素に後続する節内で移動したものだと主張し，その主張をオランダ語などの一致現象から支持している．

Citko (2004) は，ミニマリスト・プログラムの枠組みで自由関係節を取り扱い，Goos and van Riemsdjik と同様に，wh 句は関係節内部から移動したものであるが，移動後，wh 句自体が投射を行なうと主張している．その結果，移動した wh 句と自由関係節全体の範疇が同じになるという，一致の効果が導き出される．

自由関係節には，上記のような標準的な構造をしたものに加えて，透明的自由関係節 (transparent free relative) と呼ばれるものもある．この場合，上で見たような一致の効果は生じないように見える．

(78) a. Her voice was soft, silky and [what I can only describe as **dangerous**].
b. He came out the next day, but I didn't get a chance to talk to him [what you might call **privately**].

(78a) では，自由関係節が soft と silky と等位接続されているので，等位接続される要素は同じ範疇であるとする一般化を仮定すると，この自由関係節は形容詞句であるはずである．(78b) では，自由関係節が現れている位置から，その範疇は副詞句に類したものであるはずである．what で導かれる自由関係節が DP であるとすると，これらの例は一致の効果に反しているように見える．

これらの関係節では，太字の要素が意味的に主要部となっており，(79) に示したように，関係節内部の他の要素は，一種の挿入部分のように解釈される．

(79) a. Her voice was soft, silky and [(what I can only describe as) **dangerous**].
b. He came out the next day, but I didn't get a chance to talk to him [(what you might call) **privately**].

また，通例の自由関係節は，(80) のように単数の呼応をするが，透明

的自由関係節の場合は (81) のように，意味的主要部に該当する要素の数に応じて，それが単数の場合は単数呼応，複数の場合には複数呼応を行なう．

(80) [What you found *t* in this drawer] {belongs / *belong} to me.
(81) a. [What seems to be **a book**] {is / *are} lying on the desk.
     b. [What seem to be **books**] {are / *is} lying on the desk.

また，透明的自由関係節を導くことができる関係詞は what だけに限定され，-ever がついた関係詞などは，それが許されない．

このように，透明的自由関係節は通例の自由関係節と異なった性質を示すが，そうであるからと言って，両者がまったく異なった統語構造を持っていることにはならない．Grosu (2003) は，透明的自由関係節を，関係詞 what が等式型 (equative) の小節の主語位置から移動した点でだけ，通例の自由関係節と異なる関係節の一例であるとし，その特異性を，小節構造や自由関係節一般の性質から導き出そうとしている．Grosu による通例の自由関係節の構造は (82a) で，透明的自由関係節の構造は (82b) である．

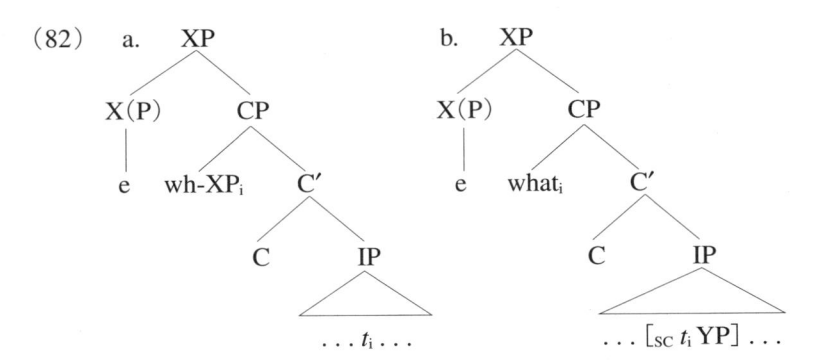

(82) a. 　　XP　　　　　　　b. 　　XP
　　　　／＼　　　　　　　　　　／＼
　　　X(P)　CP　　　　　　　X(P)　CP
　　　 │　／＼　　　　　　　　 │　／＼
　　　 e　wh-XP$_i$　C′　　　　e　what$_i$　C′
　　　　　　　　／＼　　　　　　　　　　　／＼
　　　　　　　 C　IP　　　　　　　　　　C　IP
　　　　　　　　　△　　　　　　　　　　　　△
　　　　　　　…t_i…　　　　　　　…[$_{SC}$ t_i YP]…

(82a, b) のどちらにおいても，CP の指定部に移動した wh 句が，XP という自由関係節全体の範疇・意味タイプ・呼応に関する素性を決める．(82b) の SC は小節 (small clause) を表す．この小節は等式型の小節で

あるので，what と YP は同じ意味タイプになり，結果的に XP の性質も YP と同じになる．これにより，たとえば上記（78a）で，what により導かれる節が dangerous と同じ形容句の意味タイプになる．等位接続に関して，接続される要素は，厳密に同じ範疇である必要はなく，同じ意味タイプとして解釈されることで充分であるとされている．それを踏まえると，(78a）で，自由関係節が soft や silky と等位接続されることが可能であると説明できる．(78b）も同様である．また，数などの呼応に関する素性についても，等式型の小節構造のため，what と YP は同じ素性を持つことになる．したがって，(81) のように，YP が単数なら XP 全体も単数素性を持ち，YP が複数なら XP 全体も複数素性を持つことになる．透明的自由関係節については，Nakau (1971), Kajita (1977), Izvorski (2000) も参照のこと．

4.5 量的関係節

関係節構造には，一見すると制限的関係節と似ているが，統語的にも意味的にも異なる特徴を示す関係節構造がある．次の（83）は制限的関係節構文であり，「机の上にあった本を持っていった」という解釈を持つが，(84) は，「机の上にあった冊数の本を持っていった」という（同等）比較構文と似た意味を表し，(85) のように言い換えることが可能である．

(83) I took with me the books {that / which} were on the table.
(84) I took with me the books {that / *which} there were on the table.
(85) I took with me as many books as there were on the table.

Carlson (1977a) はこの種の関係節を，量的関係節 (amount relative clause) と呼んだ．

Carlson は量的関係節に関して，次のような特徴を観察している．第一に，この関係節の先行詞に現れることができる限定詞に一定の制限があり，the, any, every, the + 数詞などは可能だが，most, several, many, some, (冠詞なしの) 数詞などは許されない．

(86) a. [The people there were __ at that time] only lived a few decades.
b. [Every lion there is __] eats meat.
c. [The three students there were __ at the party] were very intelligent.

(87) *[{Five / Most / Several / Many} men there were __ here] disagreed.

第二に，上記 (83), (84) に示されるとおり，制限的関係節では wh 形の関係詞が可能であるが，量的関係節では，関係詞は that か φ（空補文標識）でなければならず，which などの wh 関係詞は許されない（ただし，Safire (1985) や Heim (1987) は，この制限に関して個人差があることを指摘している）．

(88) {Those / The / Any} bugs {*which / that / φ} there were on the windshield were harmless.

第三に，すでにこれまでの例で示されているように，量的関係節では，there 構文での be 動詞の後に生起する名詞句を関係詞化することが可能であるが，制限的関係節ではそれが許されない．さらに，量的関係節では，last や weigh など，目的語に尺度句（measure phrase）をとる動詞の目的語を関係詞化することが可能であるが，制限的関係節ではそれができない．(89) は量的関係節の例であり，(90) は制限的関係節の例である．

(89) a. [Every hour this movie lasts __ beyond my bedtime] means more aggravation for me.
b. [The pounds that Max weighs __] make little difference.
(90) a. *[Several hours that the movie lasted __ past my bedtime] passed quickly.
b. *[Many pounds that Max weighs __] make little difference.

Carlson は，上記 (84) のような量的関係節が，(85) のような比較構文に換言可能であることに注目し，量的関係節を比較構文の派生と似た方

法で派生することを提案している．(85) は，Bresnan (1973) の分析を仮定すると，概略，(91) のような基底構造から [x-many books] の部分を削除することにより派生される．この x-many の部分は本の冊数に該当する変項と考えてよく，定項で置き換えるなら数詞に該当するものである．

(91) I took with me as many books [as there were [x-many books] on the table].
　　　　　　　　　　　　　　　　　　　　　　　　　　　　　　　↓
　　　　　　　　　　　　　　　　　　　　　　　　　　　　　　　削除

there 構文では，be 動詞の後ろの名詞句は定表現であってはならないという定性制限 (definiteness restriction) が存在するが，(91) の x-many books は，たとえば two books などと同じように不定表現であるので，定性制限に抵触しない．Carlson によると，量的関係節でも，解釈上，量や個数といった程度 (degree) が問題となっているため，基底構造において，関係節内の空所の位置には程度の部分が変項になっている要素があるとし，(84) の関係節にも x-many books を設定する．この構造も，there 構文の定性制限に抵触しない．

(92) ... the books [that there were [x-many books] on the table]

wh 形の関係詞 (特に which) は，個体の変項を束縛する演算子であり，程度の変項を束縛することはできない．したがって，which が現れている場合，関係節内部の空所には個体の変項があることになる．Carlson (1977a) や Heim (1987) は，個体変項は定表現であると仮定している．(88) のように量的関係節で wh 形の関係詞が現れないのは，その場合の空所が定表現である個体変項となっており，there 構文の定性制限に違反するからであると説明される．

last や weigh など尺度句をとる動詞の目的語を関係詞化する場合についても，量的関係節の場合は，x-many hours のような程度の変項を含む要素が関係詞化しているので，The movie lasted two hours. などの例が可能であるのと同じ理由で，関係節化が可能となる．一方，制限的関係節

の場合は，the two hours といった個体に対応する変項が関係節化するので，*The movie lasted the two hours. が逸脱しているのと同じ理由で，関係節化が許されない．

　Grosu and Landman（1998）は，Carlson の分析を意味論的に精緻化し，比較構文との類似性をさらに押し進めている．比較構文の（91）をもう一度見てみよう．この構文の as 節は，概略，「机の上にあった本の冊数」を意味するが，正確には，たとえば5冊あるなら5というふうに，「最大の」冊数を意味していると解釈される．したがって as 節に含まれる程度の変項は，最大値をとるものとして解釈されなければならない．これは次のように，MAX という最大化演算子（maximality operator）を設定することによって捉えられる．これにより，（91）は，「机の上にあった本の（最大の）冊数と同じ冊数の本を持っていった」という解釈になる．

　(93)　 . . . [as MAX [there were [x-many books] on the table]]

最大化演算子がついた表現は，定表現になる．それは，最大値の表現が定表現になることと同じである．

　Grosu and Landman（1998）は，量的関係節にも最大化演算子が存在するとし，量的関係節の先行詞につく限定詞は，関係節内部で解釈される量的指定を保持する限定詞に限られると主張している．上記（86）のように，量的関係節の先行詞につく限定詞として，the, every, the three が許容されるのは，これらが定の限定詞であり，関係節内部で解釈された定の最大値を，より明確に指定する限定詞であるからである．（最大化演算子がついた表現は定表現であるが，最大化演算子自体が束縛する変項は不定であり，定性制限に違反しないことに注意．）一方，（87）のように，five, most, several, many などが許されないのは，これらが不定の限定詞であるため，関係節内部での定の最大値の指定と合致しないことによる．換言すれば，（87）の限定詞により指定される数量値は，関係節内部で解釈される最大数量値よりも少ない量となっており，等値とはなっていないことによる．

4.6 照合分析と上昇分析

これまで 4.2.1 節で紹介した 3 つの分析のうち，主要部外在分析に従って関係節構造の説明をしてきた．この分析は，Partee (1975), Chomsky (1977), Jackendoff (1977) などが採用している分析である．しかし，他の照合分析や上昇分析が必要と思われる関係節構造がある．照合分析 (matching analysis) とは，下記 (94b) に再記したように，主要部を先行詞の位置に生成しておく点では主要部外在分析と同じであるが，CP 内で移動するものが，wh 句ではなく先行詞と同じ内容を持った名詞句であり，それを移動後に wh 句などに変える分析で，Chomsky (1965) や Sauerland (1998) らが採用している．上昇分析 (promotion analysis) は，(94c) のように，主要部を関係節内部の位置に生成し，そこから直接に先行詞の位置に移動する分析であり，Schachter (1973), Vergnaud (1974), Åfarli (1994), Kayne (1994), Bhatt (2002) などが採用している．

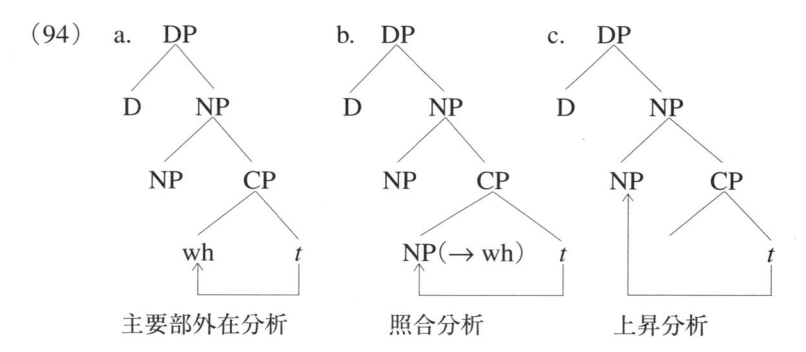

(94) a. 主要部外在分析 b. 照合分析 c. 上昇分析

このうち上昇分析が必要とされる関係節構造として，第一に，先行詞に関係節内の名詞句と照応関係を結ぶ照応形 (anaphor) が生じている例があげられる．

(95) [The portrait of himself$_i$ [that John$_i$ painted ＿]] is extremely flattering.　　　　　　　　　　　　　　　(Schachter 1973)

照応形の先行詞は，束縛理論の (A) の条件から，概略，照応形と同一の

節内で，照応形を構成素統御する位置になければならない．関係節の構造分析として主要部外在分析しかないとすると，(95)の照応形 himself は，派生のどの過程においても先行詞の John に構成素統御されていないので，非文法的とされてしまうはずである．また，照合分析では，関係節内部に現れる himself は適切に認可されるが，主要部位置に基底から生成されている名詞句の中の himself は，認可されないことになってしまう（ただし，Sauerland (1998) は，束縛理論が働く LF のレベルでは，関係節内部の portrait of himself は残り，主要部にある portrait of himself は削除されるとして，その問題を回避している）．一方，上昇分析では，portrait of himself は移動する前の段階で，先行詞 John に構成素統御されているので，この例を可能とすることができる．

　第二に，代名詞の分布を規制する束縛原理（B）の観点からも，主要部外在分析ではなく，上昇分析（あるいは照合分析）が必要となる構造がある．

(96)　*[The opinion of him$_i$ [that John$_i$ has ＿]] is favorable.

(Bhatt 2002)

束縛原理（B）により，代名詞は，同一節内に，それを構成素統御する先行詞があってはならない．主要部外在分析によると，(96)の him は先行詞 John に構成素統御されてはいないので，この文を可能としてしまう．一方，上昇分析と照合分析では，opinion of him の移動前の構造で him が John に構成素統御されているため，この文の非文法性を束縛原理の（B）によって説明することができる．

　第三に，イディオムの一部が関係節の先行詞になっている例からも，上昇分析が必要であることが示される（Schachter 1973）．

(97)　a.　We made headway.
　　　b.　Headway has been made ＿ recently.
　　　c.　*(The) headway was satisfactory.
　　　d.　[The headway [that we made ＿]] was satisfactory.

headway は make の目的語となって，「(事が)進捗する」という意味を表すイディオムの一部である．イディオムは語彙挿入された段階で解釈され

るので，(97b) のように，その一部が移動し，イディオムの他の要素から離れることも可能である．(97c) では，headway が make の目的語の位置に生じていないので，非文法的になっている．これらを踏まえて (97d) を見ると，仮に主要部外在分析しか可能でないとすると，この例の headway は派生のどのレベルでも make の目的語の位置に生じていないので，(97c) と同様に非文になるはずである．一方，上昇分析では，headway は，移動前には make の目的語の位置にあるので，(97d) が可能であることを正しく予測する．

　最後に，束縛代名詞の分布を見てみよう．束縛代名詞（bound pronoun）とは，数量詞を伴った名詞句を先行詞とし，その先行詞のとる値に応じて指示を変える代名詞であり，先行詞に構成素統御される位置に生じなければならないという構造条件が課せられている．それを踏まえて，関係節の主要部に束縛代名詞が含まれている次の例を見てみよう．

(98) a. John generally has [[an opinion of his$_i$ book] [that every novelist$_i$ respects __]].
　　　b. ??John generally has [[an opinion of his$_i$ book] [that __ is useful to every author$_i$]].　　　(Bhatt 2002: 52)

(98a) を考えると，主要部外在分析では，関係節の先行詞はもともとその位置に生成されているので，それに含まれる his が every novelist に構成素統御される構造は存在しないことになり，この例で，his が every novelist に束縛される代名詞と解釈可能であることが説明できない．一方，上昇分析（あるいは照合分析）では，関係節内部に opinion of his book が存在しているレベルがあるので，その位置で his は適切に every novelist に構成素統御され，束縛代名詞として解釈される．

　以上のように，上昇分析を認めるべき根拠があるが，そのことにより，すべての関係節は上昇分析による構造をしているということにはならない．関係節の先行詞をもともとからその位置に生成しておく，主要部外在型の分析が必要とされる事例があるからである．

　第一に，束縛原理（C）に関わる事実を見てみよう．

第 4 章 関 係 節　157

(99)　a.　*He_i doesn't like a picture of John_i.
　　　b.　*Which picture of John_i does he_i like ＿?
　　　c.　Which is [the picture of John_i [that he_i likes ＿]]?
　　　　　　　　　　　　　　　　　　　(Hulsey and Sauerland 2006)

束縛原理の (C) によると，John などの名詞句は，それと同一指示になる代名詞などによって束縛されてはならない．(99a) はこれに違反しているので，非文になっている．この効果は，(99b) のように，移動が行なわれても保持される．(99b) では，wh 移動の前の段階で John が he によって構成素統御されているので，束縛原理 (C) の違反となっている．(99c) は (99b) と似た構造をした関係節構造であるが，この例は文法的である．仮に，この例も上昇分析による構造をしているとすると，picture of John は移動前に，he に構成素統御されることになり，束縛原理 (C) の違反になってしまい，この例が文法的であることが説明できなくなる．一方，主要部外在分析では，派生のどのレベルでも，John が he に構成素統御されることはないので，束縛原理の違反は生じない．

　第二に，関係節外置 (relative clause extraposition) の例でも主要部外在型の構造分析が必要である．上記 (97) に関して述べたように，イディオムの一部を関係詞化した構造では上昇分析が必要であったが，そのような関係節構造では，次の (100b) が示すように関係節の外置が許されない．

(100)　a.　Mary praised [the headway [that John made]].
　　　 b.　*Mary praised [the headway] last year [that John made].
　　　 c.　Mary praised [the pot roast] yesterday [that John made].
　　　　　　　　　　　　　　　　　　　(Hulsey and Sauerland 2006: 114)

(100c) はイディオムが含まれていない関係節構文であり，関係節の外置が許されている．

　同様に，関係節の主要部に，関係節内部の名詞句を先行詞とする照応形が含まれている構造でも，外置が許されない．

(101)　a.　I saw [the picture of himself_i [that John_i liked]].
　　　 b.　*I saw [the picture of himself_i] yesterday [that John_i liked].

c. I saw [the picture of Clinton] yesterday [that John liked].
(Hulsey and Sauerland 2006: 115)

(101a) のような構造は，上昇分析が必要であることを示す例だった．(101b) が容認不可能であることから，上昇分析による関係節構造では関係節外置が許されないことがわかる．仮に，すべての関係節が上昇分析による構造をしていなければならないとすると，(101c) のような外置構造は許されないことになってしまう．このような例の形成には，主要部外在型の分析が必要である．

以上，関係節構造の形成に関して，(照合分析を含む)主要部外在分析と上昇分析のどちらについても，その分析が必要となる現象が存在していることを示した．

イディオムの一部が関係節化された構造は上昇分析をとり，束縛原理 (C) が関わる構造は主要部外在分析をとるとしても，それらが関わらない大半の関係節に関しては，どちらの分析をとるべきなのだろうか．関係節にかぎらず，同じ語彙の配列で，同じ意味解釈を持つ構造に関して，2 様の統語分析が可能である状態は望ましいものとは思われない．同じ文を使用していても，話者によって異なった統語構造を利用している可能性が出てくるからである．したがって，これら 2 様の派生方式について，どちらが妥当であるか，あるいは，両方式を認めるにしても，どのような条件のもとでどちらの分析になるかについて，引き続き研究を深める必要があると思われる．

4.7 まとめ

本章では，4.1 節で関係節構造の種類を概観した後，4.2 節で不定詞関係節も含む制限的関係節について，4.3 節で非制限的関係節について，4.4 節で自由関係節について，4.5 節で量的関係節について，その特徴を概観し，分析の紹介を行なった．4.6 節では上昇分析の必要性について述べた．

第5章 副　詞　節

　副詞節は，主として文頭か文末に生じて，主節で表されている命題を修飾する従属節で，時，理由，条件，譲歩，目的などさまざまな意味関係を表す．以下，5.1節では副詞節の分布について，5.2節では理由の副詞節，5.3節では条件節，5.4節では譲歩節について述べる．5.5節では分詞構文について概述する．

5.1　副詞節の分布

　副詞節は，その種類に応じて，主節に付加する位置が異なる．Nakajima (1982)に従って，副詞節を次の4種類に分類しよう．

(1) a. I 類：　as if
    b. II 類：　because（制限用法), when, after, before, since（時），while（継続), so that（目的）
    c. III 類：　while（対比), whereas, though, if, unless, since（理由）
    d. IV 類：　so that（結果), for, because（非制限用法）

I 類の as if は，He treated us as if we were beasts. などの例に見られる as if 節で，動詞に選択される義務的要素である．II 類には，時，目的の副詞節が含まれる．III 類には対比，条件，譲歩の副詞節が含まれる．IV 類は非制限的副詞節と呼ばれる．because, so that, since など同じ語彙であっても，用法によってグループが異なるものがある．

　これら4類は，次のような根拠によって区別される（以下，Nakajima

(1982) を参照）．最初に，動詞句を do so によって置き換えた場合，I 類の as if 節の場合は，do so によって必ず置き換えられなければならず，do so の後に取り残すことはできない．これに対して，他の類では do so の後に残すことが可能である．

（2） a. *John treated us as if we were beggars, but Mary did so as if we were aristocrats.　（I 類）
　　　b. John came here before I arrived, but Mary did so after I arrived.　（II 類）
　　　c. John will attend the class unless he is busy, but Mary will do so even if she is busy.　（III 類）
　　　d. John was telling a lie, because his face turned red, and Mary was doing so, because her attitude was restless.　（IV 類）

do so は，動詞とともに動詞の補部も義務的に置き換える代用表現である．したがって，I 類の as if 節は動詞の補部の位置に生起していると言える．これに対して，他の類の副詞節は付加詞となっていると言える．

　I / II 類と III / IV 類を区別する根拠として，I / II 類は分裂文の焦点位置に生起可能であるのに対して，III / IV 類ではそれができない事実がある．

（3） a. It was as if they were dead that they behaved.　（I 類）
　　　b. It was while the meeting was being held that the students began to make a riot.　（II 類）
　　　c. *It was unless it rains that we will go on a picnic.　（III 類）
　　　d. *It was for he conceded his defeat on TV that his defeat was sure.　（IV 類）

さらに，I / II 類の副詞節は否定の作用域の中に含まれるが，III / IV 類では否定の作用域に含まれない．

（4） a. They didn't treat us as if we were babies.　（I 類: 否定の作用域内）
　　　b. I don't dislike him because he often comes late.　（II 類:「彼

がしょっちゅう遅れてくるから嫌いなのだ，というわけではない.」否定の作用域内）

c. She is not beautiful whereas her sister is beautiful. （III 類: 否定の作用域外）
d. He can't speak Japanese well, because he lived in the U.S. for a long time. （IV 類：「彼は日本語をうまく話せない.というのも，長い間アメリカに住んでいたからだ.」否定の作用域外）

Jackendoff (1977) によると，付加詞のうち，分裂文によって焦点化できる要素は，制限的修飾を行なうものに限られる．また否定の作用域は，否定辞に構成素統御される領域とするのが通例である．したがって，I 類は言うまでもないが，II 類は，主節に限定修飾を行ない，助動詞位置の否定辞に構成素統御される位置に生じていると言える．それに対して III/IV 類は，限定修飾というよりむしろ主節に等位接続しているような意味関係を持っており，否定辞に構成素統御される位置にはない．

IV 類を他の 3 類と区別する特徴は，IV 類では，文頭の位置が不可能であるという点である．

(5) a. While I agree with you up to this point, I cannot agree to your plan as a whole. （III 類）
b. *So that they are now in Paris, they used an airplane. （IV 類）

IV 類は，主節の命題に非制限的にコメントを付加したり，結果を述べる働きを持っている．そのため，非制限的関係節が文頭に生起できないのと同様に，文頭に生じられないものと考えられ，句構造上の位置関係は，III 類と同じであると思われる．

以上のことを踏まえて，各類の副詞節の位置をまとめると，次のような階層関係になっていると考えられる．

(6) [$_S$ [$_S$ 主語 not [$_{VP}$ [$_{VP}$ V　I 類] II 類]] III 類/IV 類]

なお，文内で副詞節が生起する階層上の位置と，You should bring your sister when PRO visiting me. のような「接続詞＋分詞」構文の生起可能

性については，Takami (1986) を参照のこと．

5.2 理由節

前節で触れたように，because 節には，制限的用法と非制限的用法がある．両者を区別する基準として，否定の作用域に入るか入らないかがあることは，上記 (4b, d) で見たとおりであるが，ほかにも幾つか基準がある (Rutherford 1970; 安井編 1987)．

第一に，通例，非制限的 because 節の前には，主節との間にコンマで示されるポーズが置かれる．

第二に，制限的 because 節は分裂文の焦点になるが，非制限的 because 節は焦点になれない．

(7) a. It is because he is sick that he is not coming to class.
 b. *It is because his wife just told me that he is not coming to class.

第三に，制限的 because 節は疑問の作用域に入るが，非制限的 because 節は入らない．

(8) a. Isn't he coming to class because he's sick?
 （彼は病気なので授業に来ないのですか）
 b. Isn't he coming to class, because his wife just told me?
 （彼の奥さんから聞いたので尋ねるけれど，彼は授業に来ないのですか）

このように，同じ because 節であっても，制限的・非制限的の用法上の違いがあるが，これは because が 2 種類あるということを意味するわけではないと思われる．because は「理由」を表す点で単一なのであるが，制限的 because 節の場合は主節命題の理由を表現しているのに対して，非制限的 because 節の場合は，主節命題を発話する理由を述べていると言える．Ross (1970) などの遂行動詞分析（performative verb analysis）によれば，たとえば，He is not coming to class. という発話文には，次に示

されるI SAY TO YOUの遂行動詞の上位節がある．非制限的because節は，この遂行動詞と修飾関係があると考えられる．

（9） I SAY TO YOU he is not coming to class, because his wife just told me.

したがって，適切な英文解釈をするとするならば，遂行節を補って，「彼の奥さんに聞いたから言うが，彼は授業に来ないよ」とすべきである．ただし，実際に統語的に遂行節があるかは疑問であり，発話の力を標示する部分が最上位節の補文標識Cにあると仮定するならば，非制限的用法のbecause節は，CPの位置に付加していると考えるのが妥当と思われる．

　理由を表す副詞節には，because節のほか，since節とas節があるが，後者のsince / as節は非制限的because節と同種であり，制限的because節とは異なった振る舞いを示す．非制限的because節，since節，as節は，主節に表されている主張（assertion）の前提（presupposition）を表し，既知の情報を担うのに対し，制限的because節は主張の一部に組み込まれ，新情報を表していると言える（Iatridou 1991）．

5.3　条　件　節

5.3.1　条件節の種類

　条件節は，仮定条件節（hypothetical conditional: HC），叙実的条件節（factual conditional: FC），関連性条件節（relevance conditional: RC）の3種に分類することができる（Iatridou 1991）．このうち仮定条件節が，最も普通に見られる条件節である．下記の（10）が仮定条件節，（11）が叙実的条件節，（12）が関連性条件節の例である．

（10） If Andrea arrives late, Clara will get upset. （HC）
（11） If Fred is (indeed) so smart, why didn't he get the job? （FC）
（12） If you are thirsty, there is beer in the fridge. （RC）

条件節の構造を [if p, (then) q] と簡略化すると，仮定条件節は，「pならばqである」と主張するもので，先行条件pも主張の中に含まれている．

(10) は,「アンドレアが遅れてきたら,クララは怒るだろう」という意味であり,話者はアンドレアが遅れてくるかどうかに関して,確定した意見を持っているわけではない.一方,叙実的条件節では,条件節の内容は,すでに真であると前提された内容として表されている.(11) について述べれば,この文の話者は,たとえば,誰かが,フレッドはとても賢いと主張していたとして,その主張を受けて,「p (=フレッドが非常に賢いこと) が真であることを前提とすると,どうして彼は仕事に就かなかったのか」という意味を表す.ここでは,条件節の内容が真であると前提されている.

叙実的条件節は,その内容を既知のものと前提しているので,分裂文によって焦点化することはできない.それに対して,仮定条件節は焦点化が可能である (Haegeman and Wekker 1984).

(13) a. *It is if you like her so much that you should invite her. (FC)
b. It is if I drink too much wine that I get dizzy. (HC)

関連性条件節 p は,q の陳述が談話上適切であるための条件を表している.つまり,「p ということで関連したことを言うならば,q である」といった意味を表し,if 節の内容にかかわらず,q は常に真であると主張されている.たとえば,(12) (= (14a)) は (14b) のように言い換えられ,「冷蔵庫にビールがある」ことは if 節の真偽にかかわらず真であるとされている.

(14) a. If you are thirsty, there is beer in the fridge.
b. If you are thirsty, *then it is relevant for you to know that* there is beer in the fridge.

(14b) の斜字体の部分は,いわば遂行節となっており,関連性条件節は,その遂行節を修飾している.関連性条件節も,分裂文の焦点に現れることはできない.

(15) *It is if you are thirsty that there is beer in the fridge.

次に,これら3つの条件節について,その構造上の位置について見てみ

よう．まず，動詞句前置の可能性を見てみると，仮定条件節は，動詞句といっしょに前置する場合と，もとの位置に残留する場合の両方が可能であるが，叙実的条件節と関連性条件節は，動詞句とともに前置することはできない．

(16) a. [$_{VP}$ Take the dog out if it rains] though Peter may t, he is still afraid of water. (HC)
　　 b. [$_{VP}$ Take the dog out] though Peter may t if it rains, he is still afraid of water. (HC)
(17) a. *[$_{VP}$ Leave his place if he is so unhappy] though he should t, he can still stay in touch with Mary. (FC)
　　 b. *[$_{VP}$ Look sick if I may say so] though John does t, he is still one of the handsomest guys in the department. (RC)

(17)の事実から，叙実的条件節と関連性条件節は VP の外に生起していることが，また(16a, b)の2つが可能であることから，仮定条件節はVP 内部に生起する場合とその外に生起する場合の2つがあることがわかる．

次に，複数の if 節が同一節に生じた場合の配列順序を見ると，次の例が示すように，仮定条件節 > 叙実的条件節 > 関連性条件節 の順序で生起する．

(18) a. You should leave [$_{FC}$ if you are so unhappy] [$_{RC}$ if I may say so].
　　 b. *You should leave [$_{RC}$ if I may say so] [$_{FC}$ if you are so unhappy].
(19) a. You should invite her to tea [$_{HC}$ if you see her again] [$_{FC}$ if you like her so much].
　　 b. *You should invite her to tea [$_{FC}$ if you like her so much] [$_{HC}$ if you see her again].
(20) a. Peter takes his dog out [$_{HC}$ if it rains] [$_{RC}$ if you want to know].
　　 b. *Peter takes his dog out [$_{RC}$ if you want to know] [$_{HC}$ if it rains].

(21) You should invite her to tea [_HC_ if you see her again] [_FC_ if you like her so much] [_RC_ if I may say so].

このことから，関連性条件節は CP に，叙実的条件節と仮定条件節の一部は IP に，仮定条件節の残りの一部は VP に付加されていると考えることができる．

　文頭の位置に条件節がある場合，その位置に基底生成されている場合も考えられるが，次のように，文頭の条件節が主節の補文に関連している場合は，補文内部から副詞節の話題化によって文頭に移動したと考えなければならない．

(22) If it rains, Mary believes / said / heard / assumed that Bill will come.

このような事例の文頭の条件節は，移動によりこの位置を占めているため，移動を阻止するような構造がある場合，不適格になる．

(23) a. *If it rains, Mary regretted / forgot / resented / recognized that Bill will come. (factive island)
　　　b. *If it rains, Mary didn't say that Bill will come. (negative island)
　　　c. *If it rains Mary heard the rumor that Bill will come. (complex NP constraint)

　　　　　　　　　　　　　　　　　　(Bhatt and Pancheva 2005: 650)

5.3.2　then

　下記 (24a) のような [if p, then q] の形式の条件文は，(24b) のような [if p, q] の形式の条件文と比べると，then が生起しているだけの違いで，意味解釈上も両者に違いがないように見えるが，実際には，then を伴った条件文には，then を伴わない条件文とは異なった意味的・統語的性質がある．

(24) a. If John gets a good education, then he'll get a job.

b. If John gets a good education, he'll get a job.

まず意味的な性質から見ると，then を含む条件文 [if p, then q] は，「p ならば q」という主張をなし，それに加えて，「p ではない場合が，q ではない場合と矛盾しない」という前提を持っている．この前提は，then を伴わない条件文には存在しない (Iatridou 1991)．これにより，次に示すような then の分布が説明される．

第一に，関連性条件文では，then が許されない．

(25) a. If you're thirsty (#then) there is a beer in the fridge.
b. If I may say so (#then) John is looking good today.

関連性条件文においては，主張は主節のみであって，if 節は主張には含まれず，主節で表されている主張の適切性条件を表している．たとえば，(25a) の話者は，「あなたが喉が乾いているならば，冷蔵庫にビールがある」と主張しているのではなく，単に，「冷蔵庫にビールがある」ということを主張している．したがって，上記の then が生起した条件文の意味条件に合致せず，then が生起できない．

第二に，if 節が二者択一の形で考えられる状況を余すところなく表している場合，then は許されない．

(26) If John is dead or alive, (#then) Bill will find him.

ジョンは必ず生きているか死んでいるかのどちらかであるので，(26) の if 節 p は，not p を想定する可能性がない．したがって，上記の [if p, then q] の文が持つ前提に合わず，容認性が落ちている．

ただし，if 節が or による等位接続の形式になっているならばいつでも then が生起しない，というわけではない．(27a) では，ジョンが死んでいたり重篤になっている場合以外の状況も想定できるので，then が生じられる．また (27b) でも，外が雨か晴れ以外に，その中間の靄が立ちこめているなどの状況が想定できるので，then が生起できる．

(27) a. If John is dead or seriously I'll, then Mary will collect the

money.
   b. If it's wet or dry outside, then John will visit Mary.

第三に，if 節が even if の形式の場合，then が生起しない．

(28) Even if John is drunk, (#then) Bill will vote for him.

even X という表現は，最も予想に反すると思われる極端な例 X を出して，その X でも陳述が当てはまるという意味を表す．したがって，(28) の even if John is drunk は，「ジョンが酔っていないという状況であっても，ジョンが酔っているという想定しがたい状況であっても」という意味を表し，if John is drunk or not drunk と言い換えることができ，上記 (26) の場合と同様に，not p の状況が想定不可能になっているため，[if p, then q] の意味条件に合わず，then が生起できない．

第四に，if 節が反実仮想 (counterfactual) で最上級表現を含んでいる場合も，then が生起できない．

(29) a. If I were the richest linguist on earth, (#then) I wouldn't be able to afford this house.
   b. If he were the last man on earth, (#then) she wouldn't marry him.

上記の even X の場合と同様，最上級の使用は，ある尺度に関して最大の値ですら，命題で表されている事態が成立することを主張し，それ以外の尺度でも，その事態が成立することを前提としている．たとえば (29a) では，「自分が最も裕福な言語学者だとしたら」と仮定することによって，同時に，あらゆる裕福さの度合いに関しても，それを満たしているのは当然であるという前提を踏まえた仮定をしていることになる．この前提があるため，「最も裕福」というわけではないという想定，すなわち not p の想定があらかじめ排除されている．そのため，if-then 構文の使用条件に適合せず，then が容認不可能になっている．(29b) も同様である．

第五に，主節に if 節を受ける代名詞があり，if 節の内容が真であることが前提とされている場合も，then は生じない．

(30) If John comes to Cambridge, (#then) $\left\{\begin{array}{l}\text{it bothers Mary.}\\ \text{Mary reports it.}\end{array}\right\}$

主節の it は，if 節の内容を指す代名詞である．if-then 構文が容認可能になるためには，not p である状況も想定可能で，その not p の場合，not q である可能性がなくてはならない．(30) において，not p (= John doesn't come to Cambridge) である場合を想定すると，その起きなかった出来事について，not q (= it doesn't bother Mary / Mary doesn't report it) と言うのは意味をなさない．したがって，この場合も if-then 構文の使用条件が満たされず，then が生起できない．

[if p, then q] の形式の条件文には，いま述べたような意味的特徴が見られるのだが，統語的にも [if p, q] の形式の条件文には見られない特徴がある．

まず，主節に then が現れない場合の if 節は，文頭・文尾のどちらの位置にも生じられるのに対して，then が現れる場合，if 節は文頭に生じる形式しか許されない．

(31) a. If John leaves, I will come home.
     b. I will come home, if John leaves.
(32) a. If John leaves, then I will come home.
     b. *Then I will come home, if John leaves.

さらに，if 節と相関する then は，if 節と局所的な位置関係になくてはならず，主節に生じている if 節が，従属節の中の then と相関関係になることはできない．

(33) a. If it rains, then I think that we should stay home.
     b. *If it rains, I think that then we should stay home.

このような事実を捉えるために，if-then の構文を，ドイツ語などに見られる相関的転移（correlative dislocation）構文の一例として分析する考え方がある（von Fintel 1994; Bhatt and Pancheva 2005）．左方転移（left-dislocation）構文は，話題要素を文頭に置き，それを指す代名詞を主節に

残す構文であるが，相関的転移構文では，文頭の話題要素と相関する特定の代用表現が，節頭に生起し，話題要素と隣接する．次の例はドイツ語の例である．

 (34) 左方転移
   Der Hans, ich habe ihn schon lange nicht mehr gesehen.
   the Hans I have him yet long not more seen
   'Hans, I have not seen him for a long time'
 (35) 相関的転移
  a. Der Hans, den ich habe schon lange nicht mehr gesehen.
   the Hans the I have yet long not more seen
  b. ??Den Hans, ich habe den shon lange nicht mehr gesehen.
   the Hans I have the yet long not more seen

左方転移文（34）では，話題の der Hans を指す代名詞（ihn）が，主節の文中にある．一方，相関的転移文（35a）では，話題を受ける相関詞である den が主節の先頭位置に生じている．主節の文中に den が生じていると，（35b）ように容認可能性が落ちる．

 if-then 構文の if 節は話題要素であり，then はそれを受ける相関詞であると考え，この構文は相関的転移構文であるとしてみよう．上記（32b）のように，この構文において if 節が文末に生じられないのは，左方転移された話題要素が文末に生じることがありえないことによって説明される．また，(33)のように if 節と then が隣接して生じなければならないことは，相関的転移構文では（35b）が示すように，相関詞が節頭に生起しなければならないことによって説明される．さらに次のような事実も説明できる．

 第一に，左方転移された要素は分裂文の焦点位置に現れないが，この分析によると，if-then 構文の if 節も転移要素であるので，焦点位置には現れないと予測でき，事実（36b）は許されない．一方，then を伴わない if 節（36c）は，通例の副詞節であるため，焦点位置に生起可能である．

 (36) a. *It is John that I like him. （左方転移文）

b. *It is if Bill comes home that then Mary will leave. （if-then 構文）

c. It is if Bill comes home that Mary will leave. （then を伴わない条件文）

　第二に，if-then 構文を相関的転移構文と考えると，次の例に見られるような移動に関して，then を伴わない条件文との対比が説明できる．

(37) a. ?Which TA did John say that if the student does poorly, the teacher would fire *t*? （then を伴わない条件文）
 b. ?*Which TA did John say that if the student does poorly, then the teacher would fire *t*? （if-then 構文）
(38) a. (?)Why did John say that if Mary brought the tools, Bill would fix the car *t*? （then を伴わない条件文）
 b. *Why did John say that if Mary brought the tools, then Bill would fix the car *t*? （if-then 構文）

if-then 構文の then は最大投射範疇であるので，何らかの機能範疇の指定部を占めている．そこで，if-then 構文は [CP if-clause [FP then F [IP ...]]] の構造をしていると考えよう（FP は then が生起する機能範疇を表す）．この構造によると，たとえば間接疑問文で CP の指定部を占める wh 句が，疑問節の内部からの移動を阻止する要因になるのと同じく，指定部を占める then が移動の阻止要因になる．then を伴わない条件文では，そのような阻止要因がないので，(37a), (38a) のように移動が可能であるが，if-then 構文では then が移動を阻止し，(37b), (38b) のように非文法的になる．

5.3.3　主語・助動詞倒置による条件節

　従属節に if を用いる代わりに，主語・助動詞倒置を適用して，条件の意味を表すことができる．ただし，その場合の条件節は，反実仮想の仮定法か，should を伴って「もし万が一～ならば」という意味を表す条件節でなければならない（Bhatt and Pancheva 2005）．

(39) a. Had he come, we would not have gone. (= If he had come, ...)
   b. Were he to come, we would not go. (= If he were to come, ...)
   c. Should he come, we would not go. (= If he should come, ...)
   d. *Does he come, we will not go. (= If he comes, ...)
   e. *Is he coming, we will not go. (= If he is coming, ...)

ifを伴った条件節と異なり，倒置による条件節では，条件節で表される内容が，談話上既知の情報でなければならない(Iatridou and Embrik 1994)．たとえば，(39a)の仮定法過去完了の文では，反実の仮定がなされており，含意として「彼は(その仮定の逆で)実際には来なかった」という情報が談話上既知となっていると解釈される．ifを伴った文も，通例はそのように解釈されるが，その情報を後から打ち消す(cancel)ことが可能である．しかし，倒置による条件節では打ち消すことができない．

(40) a. If he had broken his leg in his childhood, which, in fact, he did, he would have exactly this type of scar.
   b. #Had he broken his leg in his childhood, which, in fact, he did, he would have exactly this type of scar.

(40a)では，「(本当は違うのだけれども)彼が子供時代に脚を折っていなかったら」という反実の仮定が持つ「事実とは異なるが」という含意が，後続の which, in fact, he did で打ち消されている．しかし(40b)ではそれが許されない．倒置形式の条件文は，条件節の内容とその含意をともに既知情報であるとして表す構文であり，which, in fact, he did の部分は情報上余剰であるからである．

このように，倒置条件節は談話上既知の内容を表すので，onlyやevenで強調したり，分裂文の焦点に置いたりすることはできない．

(41) a. *Only had I thought that he was sick would I have called him.
   (Only if I had thought that he was sick ...)

b. ??Even had Joe served truffles Kathy would not have been happy.
   (Even if Joe had served truffles . . .)
c. *It is had John come that Mary would have left.
   (It is if John had come that Mary would have left.)

5.3.4 条件の意味を表す等位接続文

等位接続文の形式で，条件節を含む文の意味が表されることがある．代表的なのは，(42) のような「命令文＋and / or S」の形式の擬似命令文 (pseudo-imperative) や，OM (= one more) 文と呼ばれる (43) のようなタイプの文である (Culicover (1972) を参照)．

(42) a. Talk of the devil, and he is sure to appear. (= If you talk of the devil, he is sure to appear.)
     b. Hurry up, or you will miss the train. (= If you don't hurry up, you will miss the train.)

(43) One more can of beer and I'm leaving.

(43) は，「君がもうひと缶ビールを飲んだら僕は帰るよ」といった条件文で言い換えられる解釈があるが，正確な解釈は，この文が使われる文脈や状況に大きく依存する．

(42a) の例のように，S1 and S2 の形式の等位接続文であるにもかかわらず，S1 が，S2 に対する条件節のように解釈され，S2 が主節のように解釈される事例がある．このような等位接続文は，次の特徴を持つ (Culicover and Jackendoff 1997, 2005)．

第一に，条件節の意味を持つのは S1 の時制が現在であるのが通例で，たとえば完了形にすると，純粋な等位接続の解釈しか得られない．

(44) a. Big Louie sees you with the loot and he'll put out a contract on you. (= If Big Louie sees you with the loot, . . .)
     b. Big Louie has seen you with the loot and he's put out a contract on you. (≠ If Big Louie has seen you with the loot, . . .)

第二に，条件文として解釈される等位接続文は，S1 and S2 のように 2 文を接続したものに限られ，3 文以上の接続では，この解釈は得られない.

(45) (*)Big Louie sees you with the loot, you look guilty, and he puts out a contract on you. (≠ If Big Louie sees you with the loot, (and if) you look guilty, he puts out a contract on you.)

第三に，このタイプの等位接続文は従属節内部に生起することは可能であるが，その場合，IP の等位接続に限られ，CP や VP の等位接続では，条件の解釈が得られない.

(46) a. You know, of course, that [IP you drink one more beer] and [IP you get kicked out]. (=... that if you drink one more beer you get kicked out.)
  b. You know, of course, [CP that you drink one more beer] and [CP that you get kicked out]. (≠ ... that if you drink one more beer you get kicked out.)

(47) Big Louie [VP sees you with the loot] and [VP puts out a contract on you]. (≠ If Big Louie sees you with the loot, he puts out a contract on you.)

第四に，このタイプの等位接続文では，通例の等位接続文では可能な右方節点繰り上げ（right node raising）や空所化（gapping）が許されない.

(48) 右方節点繰り上げ
  a. Big Louie found out about __, and Big Louie put out a contract on, that guy who stole some loot from the gang. （通例の等位接続文）
  b. *Big Louie finds out about __, and Big Louie puts out a contract on, that guy who stole some loot from the gang. （条件節的等位接続文）

(49) 空所化
  a. Big Louie stole another car radio and Little Louie __ the hubcaps. （通例の等位接続文）

b. *Big Louie steals another car radio and Little Louie ＿ the hubcaps. （条件節的等位接続文）

第五に，通例の等位接続文では，照応形が先行詞よりも前に現れる逆行束縛（backward binding）が許されないが，条件節的等位接続文では，それが許される（副詞節でも逆行束縛が許されることに注意）．

(50) a. *Another picture of himself$_i$ has appeared in the newspaper, and Susan thinks John$_i$ will definitely go out and get a lawyer. （通例の等位接続文）
b. Another picture of himself$_i$ appears in the newspaper, and Susan thinks John$_i$ will definitely go out and get a lawyer. （条件節的等位接続文）
c. If another picture of himself$_i$ appears in the newspaper, Susan thinks John$_i$ will definitely go out and get a lawyer. （副詞節）

最後に，通例の等位接続文では，等位構造制約（coordinate structure constraint）により，片方の等位項からの抜き出しは許されず，等位項のすべてから平行的な位置にある要素を抜き出す全域的移動（across-the-board movement）しか許されないのに対して，条件節的等位接続文では，多少，容認可能性が落ちるものの，左右どちらの等位項からも抜き出しが許される．また全域的移動を行なった例は，完全に良い文とは判断されない．

(51) 通例の等位接続文
a. This is the senator that [I voted for t] and [Terry met t in Washington]. （全域的移動）
b. *This is the senator that [I voted for t] and [Terry met Bill Clinton in Washington]. （左の等位項からの抜き出し）
c. *This is the senator that [I voted for Bill Clinton] and [Terry met t in Washington]. （右の等位項からの抜き出し）

(52) 条件節的等位接続文
a. ?This is the thief that [you just point out t] and [we arrest t on

the spot]．（全域的移動）
b. ?This is the loot that [you just justify *t*] and [we arrest the thief on the spot]．（左の等位項からの抜き出し）
c. ??This is the thief that [you just justify the loot] and [we arrest *t* on the spot]．（右の等位項からの抜き出し）

以上のような等位接続文に関して，Culicover and Jackendoff (1997) は，統語構造上は通例の等位接続になっているが，意味概念構造のレベルでは S1 が従属節化しているとする分析を提案している．

5.4 譲歩節

譲歩節は，条件節の一種と考えることができる．譲歩の意味と条件の意味の関係を見るために，次の，譲歩の意味を持つ even if の文を考えてみよう．

(53) Mary will leave even if John stays.
(54) a. Mary will leave if John stays.
b. Mary will leave if other things happen.
c. One would not expect that Mary would leave if John stays.

Fraser (1971) によると，(53) の文は (54a) を断定し，(54b, c) を含意する．すなわち，[even if p, q] の意味は，基本的には条件文 ($p \rightarrow q$) であるが，仮定の p に even がつくことにより，p は，帰結として q を断定するのに最も想定しにくい事態を表していると含意され，p ですら q が断定できるのであるから，p 以外のどんな事態でも q が断定できることが含意される．このように，条件文 ($p \rightarrow q$) で，普通なら $p \rightarrow q$ とは想定できない場合，そこに意外性が生じ，譲歩の意味が現れる．

even がつかない if 節でも，if 節の内容が，主節の内容を断定するための条件として語用論的に想定しにくい場合，譲歩の解釈が得られる．

(55) a. If he is poor, at least he's honest.
b. I shouldn't worry if he has forgotten me.

$p \rightarrow q$ の条件文で，p が，ある領域で想定できる選択肢を提示し，その

選択肢のいずれを考えてもよいという内容を表す場合，その選択肢のどれを選んでも q が言えると断定することになる．p が提示する選択肢の中には，p→q とは普通想定できない場合も含まれるため，そのような文は譲歩の意味を持つようになる．そのような譲歩節の例として，whether A or B や wh + -ever に導かれる節，そして no matter + wh 節の形式の譲歩節がある．

(56) a. Whether we win or lose, we must play fairly.
　　 b. Whether he comes or not, I shall go just the same.
(57) a. Whatever you call the thing, it's only 10000 kilometers away now.
　　 b. However much you complain, you are going to eat your spinach.
(58) a. No matter what John says, we're going to see that movie.
　　 b. We're going outside, no matter whether it rains or not.

このうち，(57) の wh + -ever の譲歩節の内部構造は (複合) 関係詞節構造であり，(58) の no matter に後続する wh 節は間接疑問節の構造である．

wh + -ever の譲歩節と no matter + wh の譲歩節では，動詞が be 動詞であり，その補部が wh 句となって移動している場合，主語だけを残し，他を省略する現象が見られる．

(59) $\begin{Bmatrix} \text{Whatever the reason (is)} \\ \text{No matter what the reason (is)} \end{Bmatrix}$, I will not condone your behavior.

この be 動詞削除現象には，次のような制限がある (Culicover 1999)．まず，残余要素となるのは主語だけであり，(60) のように，be 動詞文の主語が wh 句となり，補部が be 省略の残余要素となることは許されない．

(60) *{Whoever / No matter who} *(is) coming, I will welcome him.

また主語とともに，副詞が残余要素に加わることは許されない．

(61) {Whoever / No matter who} the mayor conceivably *(might

be), I don't want to take any chances.

また，be 動詞の削除を受けるのは，譲歩節内の最上位節に限られる．

(62) {Whoever / No matter who} you think the mayor *(is), you're not going to get away with this.

さらに，残余要素となる主語の NP には厳しい制限が課されており，定冠詞 the を伴った NP で，その定冠詞が文脈上の事物を同定するような指示機能を持たない定表現でなければならない．(59) の the reason は，先行文脈上の何らかの理由を指した「その理由（が何であれ）」という解釈ではなく，指示機能がない「理由（が何であれ）」という解釈になっている．このような条件があるため，それに当てはまらない，代名詞，固有名詞，総称の不定名詞句，数量詞がついた名詞句などが主語となっている場合は，主語のみの残留は許されない．

(63) a. {Whoever / No matter who} you *(are), I will not condone your behavior. （代名詞）
    b. {However / No matter how} important Bill Clinton *(might be), I don't want to invite him to my party. （固有名詞）
    c. {Whoever / No matter who} a man *(is), I give him the same degree of respect. （総称不定名詞句）
    d. You should continue with the lecture, {however / no matter how} confused every student *(might be). （数量詞つき名詞句）

このような現象をどのように扱うべきかは，今後の課題とされている（Culicover (1999) 参照）．

なお，though に導かれる譲歩の副詞節では，述部となっている名詞句や形容詞句，それに副詞が though の前に生起し，次のような形式になることがある．

(64) a. Genius though John is, he can't tie his shoe laces.
    (cf. Though John is a genius, he can't tie his shoe laces.)
    b. Intelligent though John is, he can't figure out how this works.

(cf. Though John is intelligent, he can't figure out how this works.)
c. Carefully though the elephant walked into the room, it broke a vase.
(cf. Though the elephant walked into the room carefully, it broke a vase).

このような例の分析に関しては，Culicover (1982), Baltin (1982), Nakajima (1999) などを参照のこと．

5.5 分詞構文

分詞構文とは，下記 (65), (66) の斜字体部分のような，分詞が中心となって副詞節のような機能を果たす部分を言う．分詞構文には，(65) のように分詞の主語に当たる部分が明示されていない場合と，(66) のように明示されている場合がある．後者は，独立分詞構文 (absolute participial construction) と呼ばれる．分詞構文は主節の表す意味内容に対して，付帯状況・時・条件・理由など，さまざまな意味関係を持ちうる．

(65) *Walking home*, he found a dollar.
(66) *His father being a sailor*, John knows all about boats.

また，独立分詞構文と分布的にも意味解釈の点でも類似した構文に，(84) のような with 構文 (*with*-construction) と呼ばれる構文がある（with 構文の分析については McCawley (1983), Sakakibara (1983) などを参照のこと）．

(67) *With father having no money*, we could not go to Brighton.

5.5.1 分詞構文の構造

分詞構文には，上記 (65) のような現在分詞が導く分詞構文ばかりでなく，次例のように，過去分詞 (68a)，形容詞句 (68b)，名詞句 (68c)，前置詞句 (68d) によって導かれる構造もある．

(68) a. *Published here in 1972*, Thomas Keneally's novel is no longer in print.
　　 b. *Unable to meet his eyes*, Kate looks down at her hands.
　　 c. *A sailor and an artist*, he had little sense of money.
　　 d. The Second World War began, and, *still scarcely in his teens*, he was drafted into the coal mines of Fife and Kent.

これらはいずれも，(69) のように being を補うことによって，現在分詞による分詞構文と同種のものと理解することができる．

(69) Being published here in 1972, Thomas Keneally's novel is no longer in print.

Williams (1975: 252) は，分詞構文を，the man *driving the bus* のような例における名詞後位修飾の現在分詞と同列に扱い，小節の一例として分析している．これに従うと，上記 (65), (68b) のような分詞構文は，(70a, b) のように主語の位置に PRO を伴った小節であり，(66) のような独立分詞構文は，(70c) のように PRO の代わりに音声内容を持つ名詞句が現れた小節，と分析することができる (SC は小節の範疇を表す)．

(70) a. [$_{SC}$ PRO walking home], he found a dollar.
　　 b. [$_{SC}$ PRO unable to meet his eyes], Kate looks down at her hands.
　　 c. [$_{SC}$ his father being a sailor], John knows all about boats.

このように，分詞構文を小節として扱う分析については，Stowell (1981), 今井他 (1989) などがある．

　この (70) における SC とはどのような範疇なのかについて，Reuland (1983) は，分詞構文の -ing は，時制要素などが生起する Infl (inflection) の要素の 1 つである，と提案している．それに従うと，分詞構文は IP であることになる．Reuland がこのような提案を行なった動機は，独立分詞構文の性質を導き出そうとすることにあった．独立分詞構文は，主格独立構文 (absolute nominative) という別名が示すとおり，その主部に当たる

名詞句が主格になることがある (*him* being a confirmed bachelor という
ように目的格になることもある).

(71) Elaine's winking at Roddy was fruitless, *he* being a confirmed bachelor. (Reuland 1983: 101)

Reuland は，ここでの主格名詞句の現れ方が，定形節での主格名詞句の現れ方と平行的であると考え，定形節において主語が定形の Infl によって付与されるのと同じように，独立分詞構文でも，-ing が主部に当たる名詞句に主格を付与していると分析した．主格付与のメカニズムは，次のとおりである．分詞構文のような付加詞は，語彙的に統率されない (ungoverned) 位置に生起する．それを踏まえて，次のような指定がなされる．

(72) -ing は統率されない位置にある場合，主格を付与することができる． (Reuland 1983: 128)

ここでの「統率されない位置」とは，主語や補部以外の位置，典型的には付加詞が生起する位置と考えてよい．(71) の分詞構文は，Infl である -ing を主要部とする IP であり，次のような構造を持つ．

(73) ... [$_{IP}$ he [$_{I'}$ -ing be a confirmed bachelor]]

(73) の IP は付加詞の位置(つまり統率されていない位置)にあるので，その主要部の -ing も統率されていない位置にあるとみなされる．その結果，(72) の規定により，-ing は主格を付与する能力を持つ．そして，定形節において，定形の Infl が IP の指定部にある名詞句に主格を付与するのと同じように，(73) において -ing が he に主格を付与する．

次に，分詞構文の意味上の主語について見てみよう．意味上の主語，すなわち，PRO のコントローラーは，主節の主語であるのが通例である．

(74) a. PRO$_i$ driving to Chicago that night, I$_i$ was struck by a sudden thought.
b. PRO$_i$ walking down the boardwalk, I$_i$ saw a tall building.

PRO は，通例，それを構成素統御する名詞句によってコントロールされ

る(同一のものを指示すると解釈される). 分詞構文は, IP に付加された要素である. ここで, $[_{IP}\alpha\,[_{IP}\beta\ldots]]$ のような付加 (adjunction) 構造では, 構成素統御の認定に関して, 付加による分節 (segment) は無視でき, β は α を構成素統御することが可能であると仮定しよう. そうすると, 分詞構文内の PRO を構成素統御する要素は, 主節の主語名詞句ということになる. そのため, (74) のように主節主語が分詞構文の意味上の主語になる.

しかしながら, 次の例のように, 主節主語以外の名詞句が意味上の主語に解釈される場合がある.

(75) a. ?PRO$_i$ driving to Chicago that night, a sudden thought struck me$_i$.
b. ?PRO walking down the boardwalk, a tall building came into view.

Quirk et al. (1985: 1121)は, (75) のような例は (74) に比べて適切とは言えないが, 意味上の主語が主節の意味内容から推測できるので, 容認可能になっていると言う. 次の例のように, 意味上の主語が認定できるような情報がまったく欠けている場合は, 容認不可能になる (Quirk et al. 1985: 1121).

(76) a. *Reading the evening paper, a dog started barking.
b. *Using these techniques, a wheel fell off.

5.5.2 分詞構文の意味解釈

分詞構文は, 主節との関係で, 「付帯状況」, 「時」, 「原因・理由」, 「条件・譲歩」など, さまざまな意味関係を持つ. 伝統文法による意味分類では, おおむね, 次の4種が認められている.

(77) 「時」: My task having been finished, I went to bed.
(78) 「付帯状況」: He remained in town, his idea being that he wanted everything settled before his departure.
(79) 「理由・原因」: The rain having ruined my hat, I had to get a new

one.

(80) 「条件・譲歩」: Conciliation failing, force remains; but force failing, no further reconciliation is left.

これらの多様な解釈は，分詞構文の内部に現れる述語の種類に応じて，主節要素との関係の仕方が変わり，その結果，「理由」，「条件」，「時」などの解釈が生じることによる (Stump 1985).

その基本となる述語分類として，Carlson (1977b) によるステージレベル述語 (stage-level predicate) と個体レベル述語 (individual-level predicate) の区別を仮定しよう．ステージレベル述語とは，一時的な行為・状態を表す述語で，(81) がその例である．個体レベル述語とは，恒常的な性質・属性を表す述語で，(82) がその例である．

(81) ステージレベル述語: drunk, alone, sick in bed, walk to the store, on a stage, be arrested
(82) 個体レベル述語: be a sailor, have long arms, be intelligent, be tall

Stump (1985) は，主節が法助動詞を含む場合，その法助動詞が分詞構文で表される副詞節に依存した解釈を持つか否かによって，「理由」の解釈になるか「条件」の解釈になるかの相違が出ると指摘している．その説明のための仮定として，分詞構文の述語がステージレベルの述語である場合は，主節の法助動詞を限定する働きを持つが，個体レベル述語は限定しないものとする．

そのような例として，次の例を見てみよう．分詞構文の述部がステージレベル述語の例が (83) であり，個体レベル述語の例が (84) である．

(83) a. Wearing that new outfit, Bill would fool everyone. (= If he wore that new outfit, ...)
 b. Standing on a chair, John can touch the ceiling. (= If he stands on a chair, ...)
 c. Taken in the prescribed dosage, it must be very effective. (= If it is taken in the prescribed dosage, ...)

(84) a. Being a master of disguise, Bill would fool everyone. (= Since he is a master of disguise, ...)
b. Having unusually long arms, John can touch the ceiling. (= Because he has unusually long arms, ...)
c. Weighing only a few tons, the truck might reach the top of the hill. (= Because it weighs only a few tons, ...)

(83)は「条件」を表し，(84)は「理由・原因」を表している．たとえば，(83a)を考えてみよう．この例の法助動詞 would は，「ビルがみんなを馬鹿にする」という命題について推量をしている．分詞構文の wearing that new outfit はステージレベル述語であるので，上述の仮定から，分詞構文の部分は，意味上，主節の would による推量が及ぶ状況を限定することになる．その結果，「ビルがあの新しい衣装を身にまとう」という限定された状況のもとで，would が表す推量が成り立つ論理関係になり，「ビルがあの新しい衣装を身にまとう」という状況に限定して言えば，「...だろう」という解釈になり，伝統文法の言う「条件」の意味になる．これに対して(84a)では，分詞構文の述部が個体レベル述語であるので，仮定上，分詞構文が would を限定することがない．いわば，「ビルが変装の名人である」という分詞構文の表す命題部分は，主節から独立して真 (true) であるとされる(この解釈が「理由」の解釈になるのは，語用論的な推論によるとされる (Stump 1985: 342))．

このような，分詞構文内部の述語の種類と，主節に現れる要素との相互作用による意味解釈の相違は，他の要素に関しても見られる．

たとえば，主節に sometimes や often などの頻度を表す副詞がある場合を見てみよう．この場合，分詞構文の述部がステージレベル述語である (85) は「時」や「付帯状況」を表すが，個体レベル述語である (86) は「理由」を表す．

(85) a. Lying on the beach, John sometimes smokes a pipe.
b. Carrying a load of over 1500 lbs., our truck often makes the bridge shake.
(86) a. Being a sailor, John sometimes smokes a pipe.

b. Weighing four tons, our truck often makes the bridge shake.

(85a) は「ジョンはビーチに寝そべりながら，時々パイプを吸う」という「付帯状況」の意味を表しているが，(86a) は「ジョンは船乗りなので，時々パイプを吸う」という「理由」の解釈を持つ．

　主節が総称的 (generic) な状況を表す文でも，解釈の相違が出る．(87) は，分詞構文の述部がステージレベル述語の例であり，(88) は個体レベル述語の例である．

(87) a. Wearing her new outfit, Mary looks fat.
　　 b. Lying on the beach, John smokes cigars.
(88) a. Weighing over 200 lbs., Mary looks fat.
　　 b. Being a businessman, John smokes cigars.

(87a) は「メアリーはその新しい服を着ると，(常に)太って見える」という，主節が表す総称的な命題が成立する「条件」を規定する解釈になり，(88a) は「メアリーは 200 ポンド以上あるので，太って見える」という「理由」の解釈になる．

　このような頻度の副詞や総称文についても，法助動詞の場合と同様で，分詞構文の述部がステージレベル述語である場合は，頻度の副詞や総称文の意味標示に現れる演算子 (generic operator: Gen) の及ぶ状況を限定する解釈が生じ，「時」，「付帯状況」，「条件」などの解釈になるが，個体レベル述語である場合は，頻度副詞や総称の Gen を限定することはなく，「理由」の解釈になる．

　以上のような，述語の種類と主節要素の相互作用による意味論的な意味の区別に加えて，次の A–D に列挙する要因によっても分詞構文の解釈が左右される．

A. 主節動詞と分詞構文の動詞の時間的な性質

　主節動詞と分詞構文の動詞がともに瞬時的な行為・出来事を表す場合，その文は，同時に起きた 2 つの出来事か，順次的に起きた出来事の描出になる．

(89) Noticing the smoke, John realized Bill's house was on fire.

これは，煙に気づくことと火事であるとわかることが同時であるか，煙に気づいてから火事であるとわかったかの，どちらかを意味する．

これに対して，主節動詞と分詞構文の動詞がともに継続的な行為・出来事を表す時には，いわゆる「付帯状況」の解釈になる．

(90) Walking beside the river, John sang.

B. 語　順

分詞構文が主節の前に現れると，主節で表されている出来事より前に起きた出来事を表していると解釈され，主節の後に現れると，主節で表されている出来事の後に生じた出来事を表していると解釈される傾向がある（Stump 1985: 321）．

(91) a. Counting the number of echoes, Hilary shouted his name.
　　　b. Hilary shouted his name, counting the number of echoes.

(91a)では，こだまの回数を数えた後に名前を呼んだと解釈され，(91b)では，その逆の順になっていると解釈される傾向がある．

C.　現実世界に関する知識

世界に関する知識として，シャイアン(ワイオミング州の州都)とソルトレイクシティ(ユタ州の州都)の間にロッキー山脈があることを知っているので，次の文は「付帯状況」の意味に解釈される．the Rockies の代わりにユタ州の先にある the Nevada border を入れると，順次的な解釈になる（Stump 1985: 322）．

(92) Bill drove from Cheyenne to Salt Lake City, crossing the Rockies while it was still light.

D.　各種副詞による意味の明示化

then, subsequently, thereby, also, still, nevertheless などの副詞が現れ

ることにより，時間的な関係や譲歩の意味がより鮮明にされることがある（Stump 1985: 323–24）．

(93) Being very uncomfortable, he *still* fell asleep.

この例では still が現れていることにより，「譲歩・逆接」の意味が明示化されている．

5.6 まとめ

本章では，副詞節に関して，まず各種副詞節の分布について述べ，副詞節が幾つかのタイプに分けられ，それぞれが定まった構造的位置に生起することを見た．副詞節には，時を表す副詞節や目的を表す不定詞節などもあるが，本章では特に，理由，条件，譲歩を表す副詞節について個別的に概観し，それぞれの構造的・意味的特徴を述べた．最後に，分詞構文について述べた．

第6章 程度節

　物の数量や，属性が当てはまる度合いについて，その大小を表す表現形式がある．その代表例が比較構文である．本章では，比較構文を中心とした程度節の諸相について概説する．6.1 節では，比較構造の種類について概観する．6.2 節では比較構文の統語構造について，6.3 節では，その意味解釈に関わる諸問題について述べる．6.4 節では，比較構造以外の程度構文について概述する．

6.1　比較構造の種類

　比較構文は，more X than Y，あるいは X-er than Y の形式で表される優勢比較 (Comparison of Superiority)，less X than Y の形式の劣勢比較 (Comparison of Inferiority)，as X as Y の形式で表される同等比較 (Comparison of Equality) の 3 種に大別できる．

(1)　a.　John is taller than Bill (is).
　　　b.　John has more friends than Bill has. ［優勢比較］
(2)　a.　John is less tall than Bill (is).
　　　b.　John has less friends than Bill has. ［劣勢比較］
(3)　a.　John is as intelligent as Bill (is).
　　　b.　John has as many friends as Bill has. ［同等比較］

比較を行なうには，比較される対象である 2 者，比較の基準値を示す表現，そして，どの側面で比較を行なっているかを示す比較尺度を表す表現が必要である．(1a) では，John と Bill が比較対象となっており，Bill

の身長が比較の基準値を表し，形容詞 tall で表される「背の高さ」が比較尺度となっている．

比較の基準値を表す表現は，優勢比較・劣勢比較では than で導かれる部分で表され，同等比較では後ろの as で導かれる部分で表される．than / as は後に名詞句などの句を伴う場合に加えて，than Bill is といった例のように，節を伴う場合もある．節を導く場合の than 節・as 節は，比較節 (comparative clause)，あるいは程度節 (degree clause) と呼ばれる．

比較尺度になる表現は，上記例の各 (a) のような形容詞ばかりでなく，(3b) の many のように名詞の数量を表す数量詞も含まれる．また，次の例のように副詞が比較尺度になることも可能である．

（4） John ran faster than Bill did.

比較節では，主節の比較尺度を表す部分が空所になる．たとえば，(1b)では，than Bill has の has の目的語に該当する部分が空所になっている．このような空所をもたらす操作は，比較削除 (comparative deletion) と呼ばれ，そのような比較構文は比較削除構文と呼ばれる（ただし，実際に「削除」という操作が関わっているとは主張していないことに注意）．次の例も比較削除構文の例である．

（5） a. John has more enemies than Mary has __.
　　　b. John hit the wall more violently than Tom hit the floor __.
　　　c. John looks healthier than Mary is __.

主節と比較節で，比較尺度に当たる表現が異なっている場合，それぞれの尺度の大小だけが比較されることになる．そのような構文は，比較部分削除 (comparative subdeletion) 構文と呼ばれる．

（6） a. John has more enemies than he has friends.
　　　b. The desk is as high as it is wide.

(6a)では，ジョンの友人の数を比較の基準とし，彼の敵の数が，友人の数よりも多いということを述べている．(6b)では，机の幅を基準とし，

高さが，その幅より，長さ的に大きいということを述べている．

　比較節ではさまざまな省略現象が起きる．(7)では動詞句削除（VP deletion），(8)では空所化（gapping），(9)では擬似空所化（pseudo-gapping）が起きており，(10)では，比較対象を含む従属節全体が省略されている．比較節の内部で起こるこのような省略現象を総称して，比較省略（comparative ellipsis）と呼ぶことがある．

　(7)　John has more friends than Bill does. [...than Bill has]
　(8)　John ate more apples than Bill bananas. [...than Bill ate bananas]
　(9)　John drank more wine than Mary did beer. [...than Mary drank beer]
　(10)　John is more intelligent than I thought. [...than I thought that he is]

Napoli (1983)は，(7)–(10)にあるような省略は，すべて，動詞句削除など独立して必要な省略規則によって説明されるものであって，比較省略という削除規則は必要ないと論じている．

　than / as には，上記(1)–(3)の(a)の例における，is がない場合の形式のように，名詞句のみを従えた前置詞としての用法がある．この用法の場合，基準となる数値が現れる場合がある．

　(11)　a.　John is taller than six feet.
　　　　b.　More people came than three (people).

このような構文は，基準明示比較（explicit standard comparative）構文と呼ばれる．

　また，比較構文の形式を借りているものの，実際には度合いの比較は行なっておらず，A rather than B で言い換えられ，「AではなくBである」という等位接続構造に似た陳述を行なう構文がある．

　(12)　a.　John is more angry than sad. (= John is angry rather than sad.)

b. John is more a teacher than a scholar.（= John is a teacher rather than a scholar.）

このような比較講文は，メタ比較（metacomparative）構文と呼ばれる．

さらに more than / less than で 1 つのまとまりとなり，形容詞などを修飾する事例もある．

(13) a. John is more than angry.（= John is not just angry.）
b. John is more than six feet tall.

6.2 比較構文の統語構造

6.2.1 程度詞句の構造

比較構文に現れる as, more（または -er），less，および too, enough, very などの語彙は，品詞上，程度詞（degree: Deg）としてまとめられる．この程度詞がどのような構造に現れているのかについては，意見が分かれている．Bresnan (1973) は，程度詞句 DegP は，(14a) のように much を主要部にしている数量詞句（quantifire phrase: QP）の指定部に現れているとし，much は形容詞の前で削除され，as tall (as John) の形式が出されるとしている．一方，Corver (1997) は，(14b) のように，程度詞 Deg は空の主要部を持つ QP を補部にとり，その Q が形容詞句 AP を補部にとっているとしている．また，Jackendoff (1977) や Heim (2000) などは，(14c) のように，DegP は AP の指定部に現れているとしている．そして Abney (1987) や Kennedy (1997) などは，Deg が補部に AP をとる (14d) のような構造を仮定している．

(14) a. [AP [QP [DegP as] [Q much]] [A tall]] → much 削除 → as tall
b. [DegP as [QP φ [AP tall]]] → A の Q への繰り上げ → as tall
c. [AP [DegP as] [A′ tall]] → as tall
d. [DegP [Deg as] [AP tall]] → as tall

Corver (1997) が，(14b) のように空の Q を仮定する理由は，次例のように，代用表現の so が形容詞句を受ける時に，much が出現することを

説明するためである．Corver は，A が Q に移動しない場合は，空の Q の位置に much が挿入されると言う．(15) では代用形の so が現れているため，Q に A が移動しない．その空の Q には much が挿入されている．

(15) John is very fond of Mary. Maybe he is as {much / *φ} so as Bill.

ただし，(15) のように much の生起が要求されるのは，程度詞の中でも as, too, very の類に限られ，more, less, enough の類では逆に，much が生起すると非文法的になるという違いがある（Neeleman et al. 2004）．

(16) a. {as / too / very} {much / *φ} so
　　　b. {more, less, enough} {φ / *much} so

上記 (14) の4つの分析には，それぞれ一長一短があるが，ここでは (14c) の分析を採用することにし，その構造に従って，程度詞句が関わる構造を見ることにしよう．DegP は，状態の程度や数量の大小を表すことができる段階的 (gradable) な要素の指定部に生じる．そのような要素として，段階的形容詞や，many, much などの数量詞がある．形容詞句の指定部に DegP が生じている構造が (14c) であり，数量詞句の指定部に DegP が生じた構造が [QP [DegP too] much] などの構造である（下記 (18a)）．DegP の指定部には，(17) のように，five times などの尺度句 (measure phrase: MP) や数量詞句が生じる．(18b) は，(17b) のように DegP の指定部に QP が生じた構造を図示している．

(17) a. [AP [DegP [MP five times] more] expensive]
　　　b. [AP [DegP [QP much] more] expensive]

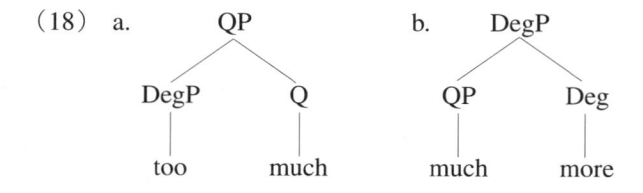

(18) a.　　QP　　　　　　b.　　DegP
　　　　／＼　　　　　　　　　／＼
　　　DegP　Q　　　　　　　QP　Deg
　　　　｜　　｜　　　　　　　　｜　　｜
　　　too　much　　　　　much　more

さらに，(18a) の DegP に (18b) の DegP を埋め込むことにより，(19a) のような複雑な構造が生じるし，(18b) の QP に (18a) の QP を埋め込むことにより，(19b) のような構造が生じる (Bresnan 1973; Jackendoff 1977).

(19) a. We bought [$_{NP}$ [$_{QP}$ [$_{DegP}$ [$_{QP}$ [$_{DegP}$ as] many] too] many] books (as you bought)]. （君は本を買いすぎたが，私たちも君と同じ冊数の，多すぎる本を買った）
　　 b. William is [$_{AP}$ [$_{DegP}$ [$_{QP}$ [$_{DegP}$ as] much] too] short to play in the basketball team (as Jerry is)]. （ジェリーはバスケットボールのチームでプレイするには背が低すぎるのだが，ウィリアムはそれと同じくらい背が低すぎる）

次に，比較節の生起位置について考えてみよう．比較の標識と比較節には選択関係があり，比較標識が as の場合には as 節が，more / less / -er の場合には than 節が選ばれる．このような厳密な選択関係を捉えるため，Chomsky (1965) や Bresnan (1973) などの古典的な分析では，(20) のように，比較節を比較標識の姉妹要素として導入し，その後，右方へ外置する分析がとられていた．

(20) 　The car is [$_{AP}$ [$_{DegP}$ more [$_{CP}$ than I expected]] expensive].
　　 → The car is [$_{AP}$ [$_{DegP}$ more t] expensive] [$_{CP}$ than I expected].

しかし，この外置操作は，前置詞外置や関係節外置などの外置と異なり，義務的に適用しなければならず，表層の語順を導き出すだけのために必要とされるもので，一般性がない．

一方，Jackendoff (1977) は，比較節を基底構造から比較標識とは離れた位置に導入し，解釈規則によって比較標識と比較節を関連づける方法を提案している．しかし，この方法では，比較標識と比較節が非局所的な位置に生起することになり，両者の間に見られる厳密な選択関係を，他の選択関係と同様に扱うことができないという問題点がある．

Bhatt and Pancheva (2004) は，ミニマリスト・プログラムの枠組みで

この問題に取り組み，比較節を派生の途中の段階で構造に導入する方法を提案している．上記 (20) の例で説明すると，まず下記 (21a) のように，比較標識 more が形容詞 expensive と Merge（併合）し，AP の more expensive を形成する．その後，より上位の構造を構築した後，(21b) のように，DegP を数量詞繰り上げ（QR）によって右方移動し，任意の範疇に付加する．そして，その後で，移動した DegP の主要部に比較節を併合し，(21c) の構造を作る．(21c) にあるような，構造構築後その内部へ要素を併合する操作を Late Merge と呼んでいる．

(21)　a.　more + expensive → [AP [DegP more] expensive]
　　　b.　QR の適用
　　　　　[. . . [AP [DegP more] expensive] . . .]
　　　　　→ [. . . [AP [copy more expensive] . . .] [DegP more]]
　　　c.　Late Merge の適用
　　　　　[. . . [AP more expensive] . . .] [DegP more [than I expected]]

(21b) に示されているとおり，DegP の more を QR で移動することにより，そのコピーが元位置に生じるが，発音されるのは，この元位置の more であるとされるので，その結果，音声的には more expensive than I expected という正しい語順が導き出される．さらに，(21c) の Late Merge の適用段階では，比較標識と比較節が姉妹関係になっており，選択関係の局所性も捉えられている．

6.2.2　比較削除と比較部分削除

Bresnan (1973, 1977) は，比較削除と比較部分削除は統一的に扱われるべき現象であると考え，両者を単一の規則によって説明しようとしている．

概略的に言って，比較構文とは，2 つの対象の間に見られる，状態の程度や数量の相同・相違を述べる構文であるので，比較の関係が最も忠実に表されているのは，2 つの対象の間で，程度や数量の部分だけが異なる構文であると言える．その意味で，比較部分削除構文が最も基本的な比較構

文と考えることができる．

　Bresnan は，(22a) の比較部分削除構文に関して，(22b) のような構造が背後にあると考えている．

(22)　a.　John has more friends than Bill has enemies.
　　　b.　John has [_NP [_QP -er many] friends] [than Bill has [_NP [_QP x-many] enemies]].

(22b) において，[_QP -er many] と [_QP x-many] という2つの QP は，程度詞 -er と x の部分だけで異なっており，区別がない (nondistinct) と考えることができる．Bresnan は比較削除規則を，先行要素と区別がないとみなすことができ，かつ，変項 x を含む最大の要素を削除する規則として定式化した．この定式化では，(22b) において，x を含み，先行要素と区別がないとみなすことができる最大の要素は，[_QP x-many] の部分だけである．そして，それを削除した結果が (22a) の比較部分削除構文となっている．

　次の (23a) の構造においては，(22b) の enemies の代わりに friends が現れている．そして，[_NP [_QP x-many] friends]] という NP が，先行要素と区別がないとみなすことができる最大の構成素となっている．したがって，Bresnan の定式化による比較削除規則では，この NP 全体が削除されることになり，その結果，(23b) の比較削除構文が得られる．

(23)　a.　John has [_NP [_QP -er many] friends] [than Bill has [_NP [_QP x-many] friends]].
　　　b.　John has more friends than Bill has.

　Bresnan の分析に対して，Chomsky (1977) は，比較削除構文が wh 移動構文と共通の性質を示すことに着目し，比較削除構文では，削除が起きているのではなく，wh 句 (あるいは空演算子) が移動しているとする分析を提案した．たとえば，(24a) に見られるように，比較削除構文では，比較標識と空所の間に長距離依存関係が見られ，(24b) に示されるように，その依存関係は島の条件の1つである複合名詞句制約に従う．これは，

(25a, b) に見られる，wh 移動が長距離依存関係を示し，同時に複合名詞句制約に従うこととよく似ている．

(24) a. John is taller than I thought that Bill said that Mary is ___.
b. *Michael has more scoring titles than Dennis is a guy who has ___.
(25) a. Who do you think that Bill said that Mary met ___?
b. *What is Dennis a guy who has ___?

Chomsky の分析に従って (23b) の構造を表すと，(26) のようになる（ここでは空演算子 Op が移動しているとする）．

(26) John has more friends [than [$_{CP}$ Op$_i$ [Bill has t_i]]].

Chomsky の分析では，比較部分削除と比較削除を統一的に扱うことはできない．比較部分削除構文でも移動が起きていると考えると，DP の指定部のみの移動を阻止する左枝条件（left branch condition）に違反した移動を仮定しなくてはならなくなるからである．

(27) a. John has more friends than [Op$_i$ Bill has [$_{DP}$ t_i enemies]].
b. *How many$_i$ do you have [$_{DP}$ t_i enemies]?

(27b) が非文であることからわかるように，英語では DP の指定部だけを移動することは許されない．比較削除構文と比較部分削除構文を統一的に扱おうとすると，後者にも (27a) のように移動が関わっているとしなければならないが，これは左枝条件に違反した移動である．

　以上，Bresnan と Chomsky の分析の概略を述べたが，両者の分析の相違点は次の 2 点にまとめることができる．第 1 点は，比較削除構文と比較部分削除構文に関して，Bresnan の分析が統一的な説明を行なっているのに対して，Chomsky の分析は両者を異なった仕組みによって扱わなければならないという点である．第 2 点は，Bresnan の場合は，他に類がない，島の条件に従う削除規則を認めなければならないのに対して，Chomsky の場合は，移動規則だけが島の条件に従うと限定できる点である．

両者の分析を比較・評価するには，比較削除構文と比較部分削除構文が，どのような点で類似しており，どのような点で相違を示すかを明確にしなくてはならない．

まず類似点から見ることにしよう．第一に，上記 (22a) と (23b) を比べると，意味解釈上，x-many がついている名詞の意味内容の点のみで異なり，他の部分は同様に解釈される．意味解釈が統語構造に則して行なわれると考えると，両構文の統語構造は大きく異なっているとは考えられない．

第二に，両構文とも，比較標識と空所との依存関係が島の条件に従う（以降，比較削除構文を CD，比較部分削除構文を C-Sub と略記する）．

(28)　CD:　　*Michael has more scoring titles than Dennis is a guy who has ___. (= (24b))

　　　C-Sub:　*Michael has more scoring titles than Dennis is a guy who has [___ tattoos].

第三に，両構文とも弱交差制約（weak crossover constraint）の効果を見せる．弱交差制約とは，(29) のような構造で，演算子が代名詞と演算子の変項の両方を束縛することを禁ずる制約である（矢印は束縛関係を表すものとする）．

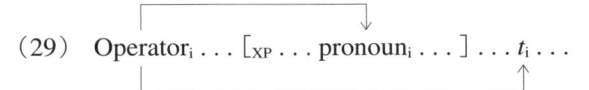

(29)　Operator$_i$ . . . [$_{XP}$ . . . pronoun$_i$ . . .] . . . t_i . . .

(30)　CD:　　?*More Democrats voted than Op$_i$ [their$_i$ friends] expected ___$_i$ to vote.

　　　C-Sub:　?*More Democrats voted than Op$_j$ [their$_i$ friends] expected [___$_j$ Republicans]$_i$ to vote.

(30) の C-Sub の例にある their$_i$ は，[___$_j$ Republicans] を指す代名詞であるので，間接的に，Op$_j$ に束縛されているとみなすことができ，弱交差制約が禁ずる構造になっていると考えることができる．そして，事実，(30) の CD の例と C-Sub の例は，同じく容認可能性が低い．

次に，両構文の相違点について見てみよう．第一に，比較削除構文はCOMP痕跡の効果を示し，補文標識の直後に空所が現れないのに対して，比較部分削除構文では，その効果を示さない（Grimshaw 1987）．

(31) CD:　　*More books were published than the editor said [that ＿ would be].
　　　C-Sub:　More books were published than the editor said [that [＿ articles] would be].

第二に，比較削除構文では，空所の直前の位置では縮約（contraction）が起きてはならないのに対して，比較部分削除構文では，空所の前でも縮約が可能である（Grimshaw 1987）．

(32) CD:　　I thought there was more meat than {there is / *there's} ＿.
　　　C-Sub:　There's more meat than there's [＿ rice].

第三に，比較削除構文では寄生空所（parasitic gap）が生起可能であるのに対して，比較部分削除構文では生起しない（Grimshaw 1987）．次の例では，寄生空所の位置を pg という記号で表している．

(33) CD:　　I threw away more books than I kept ＿ without reading [pg ＿].
　　　C-Sub:　*I threw away more books than I kept [＿ magazines] without reading [pg ＿].

以上が，両構文の類似点と相違点の主なものであったが，類似点を見ると，ともに島の条件に従うことから，両構文に移動が関わっていることが推定できる．また，意味解釈が行なわれ，弱交差制約が働くレベルでは共通の構造をしていると考えることができる．一方，相違点を見ると，比較削除構文での空所は，COMP痕跡の効果が現れ，音声解釈での操作である縮約に影響を与え，寄生空所を認可するという点で，顕在的な移動（overt movement）に特有の性質を示しているのに対し，比較部分削除構

文の空所は，それらの性質を示していないことがわかる．

Kennedy (2002) は，これらの観察を踏まえたうえで，比較削除構文と比較部分削除構文を統一的に扱おうとする Bresnan の試みを生かす分析を提案している．すなわち，比較削除構文も比較部分削除構文も，同じ要素が移動しているのであるが，その移動が起きるレベルが異なり，比較削除構文では顕在的なレベルで移動が起き，比較部分削除構文では潜在的レベルで起きるとしている．比較削除構文の派生を示したのが (34) であり，比較部分削除構文の派生を示したのが (35) である．

(34) a. John has more friends [than [$_{CP}$ [Bill has [x-many friends]]]].
 b. 顕在的移動と痕跡のコピーの非音声化
  John has more friends [than [$_{CP}$ [x-many friends] [Bill has [x-many friends]]]]. → φ
 c. 移動要素の先行詞との照合による非音声化
  John has more friends [than [$_{CP}$ [x-many friends] [Bill has __]]]. → φ
 d. John has more friends [than __ [Bill has __]]．(音声形式)

(35) a. John has more friends [than [$_{CP}$ [Bill has [x-many enemies]]]]．(音声形式)
 b. 潜在的移動
  John has more friends [than [$_{CP}$ [x-many enemies] [Bill has [x-many enemies]]]].

比較削除構文は (34) に示された派生を行ない，(34d) の構造で音声形式に変えられる．一方，比較部分削除構文でも移動が起こるが，音声形式に変えられる後のレベルで起きる．したがって，音声形式に変えられるのは，(35a) の構造である (x-many の部分は抽象的な演算子になっているので，発音はされない)．その後，潜在的に [x-many enemies] が移動し，意味解釈の対象となる構造では (35b) のような構造となっている．

この分析では，比較削除構文と比較部分削除構文が統一的に扱われており，Bresnan の試みが生かされている．それと同時に，両構文に移動を仮定しているので，島の条件に従うのは移動だけであるとする Chomsky に

よる制限も保持されている．

6.3 意味解釈に関わる諸問題

6.3.1 最大化演算子

下記（36）の比較構文の意味解釈について考えてみよう．この文は，(37)の構造をしている．

(36) John is taller than Bill is.
(37) John is [-er tall] [than Bill is [d-tall]].

構造（37）における d は，程度（degree）を表す変項であり，Bill の身長の度合いの集まりを表す（厳密には d は，λd[Bill is d-tall] で示されるように，ラムダ演算子によって束縛され，それによって「身長の度合いの集合」と解釈される）．しかし，この表示には問題がある．たとえば Bill の身長が6フィートだとすると，d は，原理的には，0から6フィートまでの数値の任意の値をとることになるはずである．しかしながら，(36)の意味を考えると，この文はそのような意味は持たず，Bill の身長が6フィートであるならば，John is taller than 6 feet. と同じ意味を表さなければならない．すなわち，Bill の身長の度合いを表す変項 d は，Bill の身長の最大値である6 feet を値として持たなければならない．

von Stechow (1984) は，比較節の中に，そのような最大値を要求する演算子である最大化演算子（maximality operator: MAX）があり，その演算子が程度節を作用域に収めていると分析している．これによると，(36) は (38) の表示を持つ．

(38) John is [-er tall] [than MAX (λd[Bill is d-tall])].

この表示は，「ビルの身長の度合いのうちの最大の値よりも，ジョンの身長の度合いは上回っている」という意味を表し，(36)の意味を正しく捉えていると言える．

Rullman (1995) によると，この最大化演算子により，比較節には否定が生じないことが説明できる．

(39) a. John weighs more than Bill weighs.
　　 b. *John weighs more than Bill doesn't weigh.

(39a) の場合，Bill の体重の最大値は，現実に照らし合わせることによって特定可能である．一方，(39b) のように比較節が否定文になると，Bill の体重に当てはまらない重さの値について，その値の1つ1つは言えるかもしれないが，その値の最大値は特定できない数値である．そのために，(39b) は意味的に逸脱していると説明できる．

比較節の内部には，否定要素がないにもかかわらず，次の例のように否定対極表現（negative polarity item）が生じる．

(40) a. Seymour is richer than *any* other student is.
　　 b. Sarah was taller than *anybody* had expected.
　　 c. Belinda is much richer than I will *ever* be.

Ladusaw (1979) は，否定対極表現は，特に否定辞によって認可されるというのではなく，下方含意（downward entailing）の文脈によって認可されると主張している．下方含意の文脈とは，たとえば，「動物」と「犬」のように，カテゴリー上，上位のもの（ここでは「動物」）について述べた陳述が真である時，その上位のものを下位のもの（「犬」）で置き換えても真となるような文脈のことを言う．たとえば，「みんなは動物を飼っている」という陳述からは，「みんなは犬を飼っている」とは言えないので，「みんな」は下方含意の文脈を作る要素ではない．一方，「誰も動物を飼っていない」からは「誰も犬を飼っていない」と言えるので，「誰も〜ない」は下方含意の文脈を作る要素である．

比較節が下方含意の文脈になっていることを見るために，次の文を考えてみよう．

(41) a. John is richer than a student can be.
　　 b. John is richer than a foreign student can be.

foreign student の集合は，student の集合の部分集合であるので，a foreign student can be d-rich である d の値の集合は，a student can be d-rich である d の値の集合の部分集合である．したがって，前者の集合内の最大値（MAX(d)[foreign student]）は，必ず，後者の集合内の最大値（MAX(d)[student]）と等価か小さいかのどちらかである．John の裕福さの度合いが MAX(d)[student] よりも大きいなら，必然的に，John の裕福さの度合いは MAX(d)[foreign student] よりも大きいと言える．したがって，比較節は下方含意の文脈になっており，その結果，(40) のように否定対極表現が生起できることになる．

6.3.2 比較と作用域

Someone loves everybody. のように複数の数量詞表現が現れている文は，多義性を示し，どちらの数量詞表現が相対的に広い作用域を持っているかに応じて，複数の解釈が得られる．それでは，比較表現は数量詞表現とみなすことができるのだろうか．Heim (2000) は，次のような例を考察している．

(42) John is 4 feet tall. Every girl is exactly 1 inch taller than that.

仮に -er が数量詞表現であるとすると，この文には，every girl が -er より広い作用域を持つ解釈に加えて，-er が every girl よりも広い作用域を持つ解釈もあるはずである．しかし，実際には，(42) は「どの女の子も，ジョンの身長である4フィートより1インチ背が高い(つまり，4フィート1インチの身長である)」という，全員同じ身長である解釈しかない．もう1つの解釈である「4フィートよりも1インチ高い(つまり4フィート1インチ)という背の高さについて言えば，どの女の子もそれより背が高い」という，非常に背が高い女の子がいる可能性がある解釈は存在しない．

Kennedy (1997) は，(42) のような文が一義的であることを根拠に，比較表現は数量詞繰り上げを受けず，元位置での作用域に限られるとした．

しかし Heim (2000) によると，比較表現は，述語とは相対的な作用域関係を持つことが可能であるという．次の文では，require > -er の解釈に加えて，-er > require の解釈も可能である．

(43) This paper is required to be exactly 5 pages longer than that.

that で指示されている論文が 10 ページの長さだと仮定すると，require > -er の解釈は，「この論文は，あの 10 ページの論文よりもちょうど 5 ページ長くする必要がある」という解釈であり，論文は 15 ページちょうどにしなければならない．一方，-er > require の解釈は，「あの 10 ページの論文よりも 5 ページ分多い長さに関して言えば，この論文はそれを満たしていなければならない」という解釈であり，論文は最小限 15 ページあればよく，それ以上長い論文でもよいことになる．

この (43) で，-er > require の解釈が可能であるということは，比較表現も数量詞繰り上げの適用を受け，表面上，上位にある要素を作用域に含めることが可能であることを示している．しかし，(42) に示されたように，比較表現は項の位置にある DP より広い作用域をとることはできない．Heim はこの制約を次の一般化にまとめている．

(44) 数量詞 DP の作用域が，DegP の痕跡を含んでいるならば，その作用域には，DegP 自体も含まれていなければならない．

この一般化がどのように説明されるのかについては，まだ研究が行なわれているところである．

6.3.3　比較と形容詞の語彙的意味

比較部分削除構文を用いて，2 つの状態・性質の度合いを比べることができるが，その場合，比べられる 2 つの形容詞は，同じ意味概念のクラスに属するものでなければならない (Kennedy 1997: 21)．

(45) a. Most boats are longer than they are wide.
　　 b. Our pine tree is almost as tall as the bedroom ceiling is high.
　　 c. Our pine tree is as tall as its branches are long.
(46) a. #Larry is more tired than Michael is clever.
　　 b. #My copy of *The Brothers Karamazov* is heavier than my copy of *The Idiot* is old.

例 (46) の # の記号は，意味的逸脱を表す記号である．(45) にあるような long, wide, high の形容詞は，「長さ」という点で同じ意味概念の類に属しており，比較することが可能である．一方，(46) のような，tired–clever, heavy–old のようなペアは異なる意味概念の類に属しており，そのような形容詞のペアを同一の尺度で比較することはできない．

次の例は比較削除構文であるが，主節の形容詞と比較節の（削除された）形容詞が同一の語彙項目であっても，異なる意味で用いられているため，(46) と同じ理由で意味的逸脱を起こしている．

(47)　a. #The class was longer than this table is.
　　　b. #*The Devils* isn't as slow as the people in this class.

さらに，同じ意味概念の類に属していても，反対語関係にある形容詞は比較することができない (Kennedy 1997: 24).

(48)　a. #Mike is shorter than Carmen is tall.
　　　b. #*The Brothers Karamazov* is longer than *The Idiot* is short.
　　　c. #The Tenderlion is dirtier than Pacific Heights is clean.
　　　d. #A Volvo is safer than a Fiat is dangerous.

反対語関係にある形容詞には，語彙的に正負の極性 (polarity) が指定されていると考えられる．たとえば tall は，高さに関してプラスの方向へ度合いが向く極性があり，逆に short は，マイナスの方向へ度合いが向く極性がある．比較構文は，この極性に関して正負のどちらかに固定して，度合いを比べる．(48a) が逸脱しているのは，tall でプラス方向での度合いを指定しているのに，主節の short でマイナス方向での度合いを比べているため，方向が矛盾していることによる．

尺度句は，プラスの方向での度合いを指定する性質がある．したがって，背の高さを尺度句で指定するには，tall を使わねばならず，short は使えない (Kennedy 1997: 64).

(49)　Benny is 4 feet tall. / #Benny is 4 feet short.

次の例では，反対語関係にある形容詞が比較構文に現れている．

(50) a. Robert is as short as William is tall.
　　 b. It's more difficult to surf Maverick's than it is easy to surf Streamer Lane.

これらの例では，通例の比較構文と異なり，2つの要素同士の度合いの比較を行なっているわけではない．たとえば (50a) は，「ウィリアムは（一般に比べて）背が高いが，ロバートは同じように（一般に比べて）背が低い」というように，常識的に認められている標準値との比較が行なわれている．その意味で，これらの例は他の例と区別するのが妥当と思われる．

6.4　その他の程度表現

6.4.1　最上級構文

Bhatt (1999, 2002) は，次のような，関係節の先行詞に最上級の形容詞がついている例の多義性を考察している．

(51)　X is the longest book [$_{CP1}$ that John said [$_{CP2}$ that Tolstoy had written]].

この文は，longest が CP2 で解釈される読みと，CP1 で解釈される読みの2つの解釈を持っている．CP2 で解釈される場合は，「X は，ジョンが，トルストイが書いた中で最も長い本だと言った本である」という意味になり，CP1 で解釈されると，「X は，ジョンが，トルストイが書いたと言った本の中で最も長い本である」という意味になる．このような二義性は，最上級の形容詞ばかりでなく，first や only が先行詞についた関係節構造でも生じる．この2つの解釈のうち，CP1 で解釈される読みは (52) のような構造から，longest の意味と book that S の意味の共通集合 (intersection) を求めることで導かれる．

(52)　X is [the [longest] [book that John said that Tolstoy had written]].

すなわち，「ジョンがトルストイが書いたと言った本」の中で「最も長いもの」という意味である．しかし，CP2 で解釈される読みは，このよう

な方法では導き出せない．

　Bhatt は，関係節構造の派生に関して上昇分析を仮定し，この CP2 で解釈される読みを導き出している（⇒ 4.6）．上昇分析によれば，(51) の関係節の先行詞 longest book は CP2 内の written の目的語位置に導入され，コピーを残して，先行詞の位置に移動する．移動のコピーが現れている構造が (53a) である．この元位置にあるコピーの中から最上級の -est を移動し，その作用域を表示したのが (53b) である．この (53b) の構造が意味解釈を受け，longest が CP2 で解釈される読みが得られる．

(53) a. the [[longest book] [that John said [that Tolstoy wrote [Op longest book]]]]
　　　b. the [[longest book] [that John said [that -est λd [Tolstoy wrote [d-long book]]]]]

　最上級表現は，wh 疑問文などの文脈に生じた場合，絶対的な解釈に加えて，相対的な解釈が得られる（Szabolsci 1986）．

(54) Who climbed the highest mountain?

この例の the highest mountain は，絶対的な解釈ではエベレスト山を指し，誰がエベレストに登ったのかを尋ねる疑問文となる．一方，相対的な解釈も可能で，その場合，誰が，ほかの誰よりも高い山に登ったのかを尋ねる疑問文となる．

　相対的な解釈は，(54) のような wh 疑問文に加えて，(55a) のように焦点となっている名詞句がある場合や，(55b) のような関係節でも生じる．しかし，(56) のような数量詞を含む名詞句がある構造では，相対的な解釈は許されず，絶対的な解釈しかない（Farkas and Kiss 2000）．

(55) a. JOHN climbed the highest mountain.
　　　b. I know the man who climbed the highest mountain.
(56) {Everybody / Several men / A man} climbed the highest mountain.

Farkas and Kiss (2000: 422) は，最上級表現が相対的な解釈を得るには，同一文中に，文脈上，有限数の成員が確定できる集合を対象にする演算子があり，それによって認可されなければならないと述べている．wh 疑問詞は文脈上，明確になっている集合の中からどの成員が該当するかを尋ねる機能を持っているし，焦点要素も，一定の集合の中で，成員の 1 つを際立たせる機能を持っているので，相対的な解釈を認可することができる．一方，(56) にあるような数量詞は，不特定数の成員を持つ集合を対象にしているので，相対的な解釈を認可できない．

6.4.2　比較級相関節

比較級相関節 (comparative correlative: CC) 構文とは，並行する 2 つの節について，それぞれ別個の性質が同じ比率で増加・減少することを表す構文で，「the + 比較級 ..., the + 比較級 ...」の形式をとる．比例比較級 (comparative of proportion) 構文とも呼ばれる．この CC 構文に関しては，McCawley (1988)，Beck (1997)，Culicover and Jackendoff (1999, 2005)，Den Dikken (2004) などが扱っているが，本節では Culicover and Jackendoff (2005) に拠って，この構文の概略を見ることにする．

意味的に言って，CC 構文は，比例を表す as 節や条件節を含む文と似た解釈を持ち，たとえば，(57a) は(57b) のように言い換えられる．

(57)　a.　The more you eat, the less you want.
　　　b.　If / when / as you eat more, you want correspondingly less.

以下では，CC 構文を構成する 2 つの節のうち，先行する節を C1，後続する節を C2 と呼んで区別することにする．

(57b) のパラフレーズが示唆するように，CC 構文では C1 の節が従属節となっており，C2 が主節となっているように考えられる．実際，次のような事実がそのような分析の証拠となっていると言えるかもしれない．

第一に，CC 構文が仮定法現在を要求する動詞の補文に現れた場合，仮定法になるのは C2 の動詞であって，C1 の動詞はならない．

(58) I demand that
  a. the more John eats, the more he pay(s).
  b. *the more John eat, the more he pay(s).

第二に，C2 を対象にして付加疑問節をつけることはできるが，C1 を対象にした付加疑問節は許されない．

(59) a. The more we eat, the angrier you get, don't you?
  b. *The more we eat, the angrier you get, don't we?
  c. *The more we eat, don't we, the angrier you get.

第三に，C2 は（直接）疑問文にできるが，C1 はできない．(60b) は文法的だが，これは (61) のような解釈を持ち，CC 構文の (62a) で C1 と C2 を入れ替えた (62b) と同じ構文であることがわかる．

(60) a. The harder it rains, how much faster do you run?
  b. How much harder has it rained, the faster a flow you see in the river?
(61) How much harder has it rained, when you see a faster flow in the river?
(62) a. The more pictures she looked at, the angrier Mary got.（CC 構文）
  b. Mary got angrier and angrier, the more pictures she looked at.（倒置 CC 構文）

第四に，CC 構文では，逆行代名詞化 (backward pronominalization) が可能で，C2 に含まれる名詞句を先行詞とする代名詞が C1 に生起できる．このような逆行代名詞化は，(64a) のように，先行する代名詞が従属節に含まれている時には可能だが，(64b) のように，先行する主節の代名詞が，従属節に含まれる名詞句を先行詞にすることはできない．

(63) The longer he$_i$ has to wait, the angrier John$_i$ gets.
(64) a. If he$_i$ has to wait, John$_i$ gets angry.
  b. *He$_i$ gets angry, if John$_i$ has to wait.

第 6 章　程度節　209

　以上のような根拠から，CC 構文では C2 が主節で，C1 は従属節になっていると考えるかもしれない．しかし，移動に関する事実を見ると，C1 と C2 のどちらからでも移動が可能であることがわかる．

(65)　関係節化
　　a.　This is the sort of problem [which$_i$ [$_{C1}$ the sooner you solve t_i], [$_{C2}$ the more easily you'll satisfy the folks up at corporate headquaters]]．(C1 からの抜き出し)
　　b.　The folks up at corporate headquarters are the sort of people [who$_i$ [[$_{C1}$ the sooner you solve this problem], [$_{C2}$ the more easily you'll satisfy t_i]]]．(C2 からの要素の抜き出し)
(66)　話題化
　　a.　This problem$_i$, [[$_{C1}$ the sooner you solve t_i], [$_{C2}$ the more easily you'll satisfy the folks up at corporate headquarters]]．(C1 からの要素の抜き出し)
　　b.　?The folks up at corporate headquarters$_i$, [[$_{C1}$ the sooner you solve this problem], [$_{C2}$ the more easily you'll satisfy t_i]]．(C2 からの要素の抜き出し)

　一般に，副詞節など付加部からは要素を抜き出すことができない．仮に，C1 が従属節だとすると，C1 からは要素を抜き出すことができないはずである．しかし実際には，(65a) や (66a) の例が示すように，抜き出しが可能である．このことは，C2 ばかりでなく，C1 も主節となっていることを示唆する．

　Culicover and Jackendoff (2005) は，CC 構文は，統語的には C1 と C2 が並置文 (parataxis) になっている構造をしており，意味や束縛関係が決定される概念構造では，C1 が従属節化しているとする分析を提案している．統語的には，C1 と C2 はどちらも従属節になっているわけではないので，どちらからも要素を抜き出すことができる．一方，概念構造では C2 が主節になるので，付加疑問文形成や直接疑問文形成などの主節で起こる現象は，C2 では許されるが，C1 では許されない．また，代名詞の分布など束縛に関する条件も概念構造で適用されるとしているので，代名

詞化に関しても C1 は従属節，C2 は主節として振る舞うことになる．

6.5 ま と め

　本章では，6.1 節で比較構造の種類を概観した後，6.2 節で比較構文の統語構造について，6.3 節で比較構文の意味解釈に関わる諸問題について述べた．また，6.4 節では，最上級表現と比較相関節構文を取り上げ，その特徴と分析について紹介した．

参 考 文 献

第 I 部 叙　述

Abney, Steven (1987) *The English Noun Phrase and Its Sentential Aspect*, Doctoral dissertation, MIT.

Aarts, Bas (1992) *Small Clauses in English: The Non-verbal Types*, Mouton de Gruyter, Berlin.

Akmajian, Adrian (1970) *Aspects of the Grammar of Focus in English*, Doctoral dissertation, MIT.

Andrews, Avery D. (1982) "A Note on the Constituent Structure of Adverbials and Auxiliaries," *Linguistic Inquiry* 13, 313–317.

Barss, Andrew (1986) *Chains and Anaphoric Dependence*, Doctoral dissertation, MIT.

Baltin, Mark R. (1995) "Floating Quantifiers, PRO, and Predication," *Linguistic Inquiry* 26, 199–284.

Boas, Hans (2003) *A Constructional Approach to Resultatives*, CSLI, Stanford.

Bobaljik, Jonathan (2003) "Floating Quantifiers: Handle with Care," *The Second Glot International State-of-the-Article Book: The Latest in Linguistics*, ed. by Lisa Cheng and Rint Sybesma, 107–148, Mouton de Gruyter, Berlin.

Borkin, Ann (1984) *Problems in Form and Function*, Norwood, Ablex, NJ.

Bowers, John (1993) "The Syntax of Predication," *Linguistic Inquiry* 24, 591–656.

Bowers, John (1997) "A Binary Analysis of Resultatives," *Proceedings of the 1997 Texas Linguistics Society Conference: The Syntax of and Semantics of Predication, Texas Linguistics Forum* 38, 43–58.

Browning, Marguerite (1987) *Null Operator Constructions*, Doctoral dissertation, MIT.

Carrier, Jill and Janet Randall (1992) "The Argument Structure and Syntactic Structure of Resultatives," *Linguistic Inquiry* 23, 173–234.
Chomsky, Noam (1981) *Lectures on Government and Binding*, Foris, Dordrecht.
Chomsky, Noam (1995) *The Minimalist Program*, MIT Press, Cambridge, MA.
Contreras, Heles (1995) "Small Clauses and Complex Predicates," *Syntax and Semantics* 28: *Small Clauses*, ed. by Anna Cardinaletti and Maria Teresa Guasti, 135–152, Academic Press, San Diego.
Culicover, Peter W. (1988) "Autonomy, Predication, and Thematic Relations," *Syntax and Semantics* 21: *Thematic Relations*, ed. by Wendy Wilkins, 37–60, Academic Press, San Diego.
Culicover, Peter W. and Wendy Wilkins (1984) *Locality in Linguistic Theory*, Academic Press, Orlando.
Culicover, Peter W. and Wendy Wilkins (1986) "Control, PRO, and the Projection Principle," *Language* 62, 120–153.
Déchaine, Rose-Marie (1993) *Predicates Across Categories*, Doctoral dissertation, University of Massachusetts, Amherst.
Dowty, David (1979) *Word Meaning and Montague Grammar*, Reidel, Dordrecht.
Fukui, Naoki (1986) *A Theory of Category Projection and Its Applications*, Doctoral dissertation, MIT.
Goldberg, Adele E. (1995) *Constructions: A Construction Grammar Approach to Argument Structure*, University of Chicago Press, Chicago.
Hale, Kenneth and Samuel Jay Keyser (1993) "On Argument Structure and the Lexical Expression of Syntactic Relations," *The View from Building 20: Essays in Linguistics in Honor of Sylvain Bromberger*, ed. by Kenneth Hale and Samuel Jay Keyser, 51–109, MIT Press, Cambridge, MA.
Heggie, Lorie (1988) *The Syntax of Copular Constructions*, Ph.D dissertation, University of Southern California.
Heycock, Caroline (1991) *Layers of Predication: The Non-Lexical Syntax of Clauses*, Ph.D dissertation, University of Pennsylvania.
Heycock, Caroline and Anthony Kroch (1999) "Pseudocleft Connected-

ness: Implications for the LF Interface Level," *Linguistic Inquiry* 30, 365–397.

Higgins, Roger (1973) *The Pseudo-Cleft Construction in English*, Doctoral dissertation, MIT.

Hoekstra, Teun (1988) "Small Clause Results," *Lingua* 74, 102–139.

Hornstein, Norbert and David Lightfoot (1987) "Predication and PRO," *Language* 63, 23–52.

Huang, C.-T. James (1993) "Reconstruction and the Structure of VP: Some Theoretical Consequences," *Linguistic Inquiry* 24, 103–138.

Ikeuchi, Masayuki (2003) *Predication and Modification: A Minimalist Approach*, Liber Press, Tokyo.

Jackendoff, Ray S. (1977) *$\bar{X}$ Syntax: A Theory of Phrase Structure*, MIT Press, Cambridge, MA.

Kayne, Richard (1984) *Connectedness and Binary Branching*, Foris, Dordrecht.

Kayne, Richard (1985) "Principles of Particle Constructions," *Grammatical Representation*, ed. by Jacqueline Gueron, Hans-George Obenauer, and Jean Yves Pollock, 101–140, Foris, Dordrecht.

Kitagawa, Yoshihisa (1985) "Small but Clausal," *CLS* 21, 210–220.

Koopman, Hilda and Dominique Sportiche (1991) "The Position of Subjects," *Lingua* 85, 211–258.

Kratzer, Angelika (1995) "Stage-Level and Individual-Level Predicates," *The Generic Book*, ed. by Gregory N. Carlson and Francis Jeffry Pelletier, 125–175, University of Chicago Press, Chicago.

Kratzer, Angelika (1996) "Severing the External Argument from Its Verb," *Phrase Structure and the Lexicon*, ed. by Johan Rooryck and Laurie Zaring, 109–137, Kluwer, Dordrecht.

Kuroda, Shige-Yuki (1988) "Whether We Agree or Not: A Comparative Syntax of English and Japanese," *Papers from the Second International Workshop on Japanese Linguistics*, ed. by William Poser, 103–143, CSLI, Stanford.

Lakoff, George and Robert Ross (1976) "Why You Can't Do So into the Sink," *Syntax and Semantics* 7: *Notes from the Linguistic Underground*, ed. by James MaCawley, 101–111, Academic Press, Orlando.

Larson, Richard (1988) "On the Double Object Construction," *Linguistic Inquiry* 19, 335–391.

Levin, Beth and Malka Rappaport Hovav (1995) *Unaccusativity: At the Syntax-Lexical Semantics Interface*, MIT Press, Cambridge, MA.

Maling, Joan (1976) "Notes on Quantifier-Postposing," *Linguistic Inquiry* 7, 708–718.

Marantz, Alec (1984) *On the Nature of Grammatical Relations*, MIT Press, Cambridge, MA.

Miyamoto, Yoichi (1994) *Secondary Predicates and Tense*, Ph.D dissertation, University of Connecticut, Storrs.

McCawley, James (1983) "What's with *With?*" *Language* 59, 271–283.

McNally, Louise (1994) "Adjunct Predicates and the Individual / Stage Distinction," *WCCFL* 12, 561–576.

McNulty, Elaine (1988) *The Syntax of Adjunct Predicates*, Ph.D dissertation, University of Connecticut, Storrs.

Moro, Andrea (1997) *The Raising of Predicates: Predicative Noun Phrases and the Theory of Clause Structure*, Cambridge University Press, Cambridge.

Nakajima, Heizo (1990) "Secondary Predication," *The Linguistic Review* 7, 275–309.

Nakajima, Heizo (1991) "Reduced Clauses and Argumenthood of AgrP," *Topics in Small Clauses: Proceedings of Tokyo Small Clause Festival*, ed. by Heizo Nakajima and Sigeo Tonoike, 39–57, Kurosio, Tokyo.

Napoli, Donna J. (1989) *Predication Theory*, Cambridge University Press, Cambridge.

Postal, Paul M. (1974) *On Raising: One Rule of English Grammar and Its Theoretical Implications*, MIT Press, Cambridge, MA.

Rapoport, Tova R. (1991) "Adjunct-Predicate Licensing and D-Structure," *Syntax and Semantics* 25: *Perspectives on Phrase Structure: Heads and Licensing*, ed. by Susan Rothstein, 159–187, Academic Press, San Diego.

Rapoport, Tova R. (1993a) "Stage and Adjunct Predicates: Licensing and Strcture in Secondary Predication Constructions," *Knowledge and Language* Volume II: *Lexical and Conceptual Structures*, ed. by Eric

Reuland and Werner Abraham, 157–182, Kluwer, Dordrecht.
Rapoport, Tova R. (1993b) "Verbs in Depictives and Resultatives," *Semantics and the Lexicon*, ed. by James Pustejovsky, 163–184, Kluwer, Dordrecht.
Rapoport, Tova R. (1999) "Structure, Aspect, and the Predicate," *Language* 75, 653–677.
Roberts, Ian (1988) "Predicative APs," *Linguistic Inquiry* 19, 703–710.
Rochemont, Michael (1986) *Focus in Generative Grammar*, John Benjamins, Philadelphia.
Rochemont, Michael and Peter Culicover (1990) *English Focus Constructions and the Theory of Grammar*, Cambridge University Press, Cambridge.
Rothstein, Susan (1983) *The Syntactic Forms of Predication*, Doctoral dissertation, MIT.
Rothstein, Susan (1992) "Case and NP Licensing," *Natural Langauge and Linguistic Theory* 10, 119–139.
Rothstein, Susan (2001) *Predicates and Their Subjects*, Kluwer, Dordrecht.
Safir, Kenneth (1983) "On Small Clauses as Constituents," *Linguistic Inquiry* 14, 730–735.
Schein, Barry (1995) "Small Clauses and Predication," *Syntax and Semantics* 28: *Small Clauses*, ed. by Anna Cardinaletti and Maria Teresa Guasti, 49–76, Academic Press, San Diego.
Simpson, Jane (1983) "Resultatives," *Papers in Lexical Functional Grammar*, ed. by Lori Levin, Malka Rappaport, and Annie Zaenen, 143–157, Indiana University Linguistics Club, Bloomington.
Sportiche, Dominique (1988) "A Theory of Floating Quantifiers and Its Corollaries for Constituent Structure," *Linguistic Inquiry* 19, 425–449.
Sportiche, Dominique (1998) *Partitions and Atoms of Clause Structure: Subjects, Agreement, Case, and Clitics*, Routledge, London.
Stowell, Timothy (1983) "Subject Across Categories," *The Linguistic Review* 2, 285–312.
Stowell, Timothy (1989) "Subjects, Specifiers, and X-bar Theory," *Alternative Conceptions of Phrase Structure*, ed. by Mark R. Baltin and

Anthony S. Kroch, 232–262, University of Chicago Press, Chicago.
Stowell, Timothy (1991) "Small Clause Restructuring," *Principles and Parameters in Comparative Grammar*, ed. by Robert Freidin, 182–218, MIT Press, Cambridge, MA,
Tenny, Carol (1994) *Aspectual Roles and the Syntax-Semantics Interface*, Kluwer, Dordrecht.
Wechsler, Stephan (1997) "Resultative Predicates and Control," *Proceedings of the 1997 Texas Linguistics Society Conference: The Syntax of and Semantics of Predication, Texas Linguistics Forum* 38, 307–321.
Winkler, Susanne (1997) *Focus and Secondary Predication*, Mouton de Gruyter, Berlin.
Williams, Edwin (1980) "Predication," *Linguistic Inquiry* 11, 203–238.
Williams, Edwin (1983a) "Against Small Clauses," *Linguistic Inquiry* 13, 287–304.
Williams, Edwin (1983b) "Semantic vs. Syntactic Categories," *Linguistics and Philosophy* 6, 423–446.
Williams, Edwin (1987) "NP-Trace in Theta Theory," *Linguistics and Philosophy* 10, 203–238.
Zagona, Karen (1988) *Verb Phrase Syntax: A Preliminary Study of English and Spanish*, Kluwer, Dordrecht.

第 II 部　修　　飾

Abney, Steven (1987) *The English Noun Phrase and Its Sentential Aspect*, Doctoral dissertation, MIT.
Åfarli, Tor (1994) "A Promotion Analysis of Restrictive Relative Clauses," *The Linguistic Review* 11, 81–100.
Alexiadou, Artemis (1997) *Adverb Placement: A Case Study in Antisymmetric Syntax*, John Benjamins, Amsterdam.
Alexiadou, Artemis (2001) *Functional Structure in Nominals*, John Benjamins, Amsterdam.
Baker, C. L. (1995) *English Syntax* (2nd Edition), MIT Press, Cambridge, MA.
Baltin, Mark R. (1982) "A Landing Site Theory of Movement Rules," *Linguistic Inquiry* 13, 1–38.

Beck, Sigrid (1997) "On the Semantics of Comparative Conditionals," *Linguistics and Philosophy* 20, 229–232.
Bellert, Irena (1977) "On Semantic and Distributional Properties of Sentential Adverbs," *Linguistic Inquiry* 8, 337–351.
Bhatt, Rajesh (1999) *Covert Modality in Non-finite Contexts*, Doctoral dissertation, University of Pennsylvania.
Bhatt, Rajesh (2002) "The Raising Analysis of Relative Clauses: Evidence from Adjectival Modification," *Natural Language Semantics* 10, 43–90.
Bhatt, Rajesh and Roumyana Pancheva (2004) "Late Merger of Degree Clauses," *Linguistic Inquiry* 35, 1–45.
Bhatt, Rajesh and Roumyana Pancheva (2005) "Conditionals," *The Blackwell Companion to Syntax* I, ed. by Martin Evereart and Henk van Riemsdijk, 638–687, Blackwell, Oxford.
Bolinger, Dwight (1967) "Adjectives in English: Attribution and Predication," *Lingua* 18, 1–34.
Bresnan, Joan W. (1973) "Syntax of the Comparative Clause Construction in English," *Linguistic Inquiry* 4, 275–343.
Bresnan, Joan W. (1977) "Variables in the Theory of Transformations," *Formal Syntax*, ed. by Peter W. Culicover, Thomas Wasow, and Adrian Akmajian, 157–196, Academic Press, New York.
Bresnan, Joan W. and Jane Grimshaw (1978) "The Syntax of Free Relatives in English," *Linguistic Inquiry* 9, 331–391.
Carlson, Greg N. (1977a) "Amount Relatives," *Language* 53, 520–542.
Carlson, Greg N. (1977b) *Reference to Kinds in English*, Doctoral dissertation, University of Massachusetts, Amherst.
Chomsky, Noam (1965) *Aspects of the Theory of Syntax*, MIT Press, Cambridge, MA.
Chomsky, Noam (1977) "On Wh-Movement," *Formal Syntax*, ed. by Peter W. Culicover, Thomas Wasow, and Adrian Akmajian, 71–132, Academic Press, New York.
Chomsky, Noam (1981) *Lectures on Government and Binding*, Foris, Dordrecht.
Chomsky, Noam (1995) *The Minimalist Program*, MIT Press, Cambridge, MA.

Chomsky, Noam and Howard Lasnik (1977) "Filters and Control," *Linguistic Inquiry* 8, 425–504.

Cinque, Guglielmo (1999) *Adverbs and Functional Heads: A Cross-Linguistic Perspective*, Oxford University Press, New York.

Citko, Barbara (2004) "On Headed, Headless, and Light-Headed Relatives," *Natural Language and Linguistic Theory* 22, 95–126.

Corver, Norbert (1997) "Much-Support as a Last Resort," *Linguistic Inquiry* 28, 119–164.

Culicover, Peter W. (1972) "OM-Sentences," *Foundations of Language* 8, 199–236.

Culicover, Peter W. (1982) *'Though'-Attraction*, Indiana University Linguistics Club, Indiana.

Culicover, Peter W. (1999) *Syntactic Nuts: Hard Cases, Syntactic Theory, and Language Acquisition*, Oxford University Press, Oxford.

Culicover, Peter W. and Ray S. Jackendoff (1997) "Semantic Subordination Despite Syntactic Coordination," *Linguistic Inquiry* 28, 195–217.

Culicover, Peter W. and Ray S. Jackendoff (1999) "The View from the Periphery: The English Correlative Conditional," *Linguistic Inquiry* 30, 543–571.

Culicover, Peter W. and Ray S. Jackendoff (2005) *Simpler Syntax*, Oxford University Press, Oxford.

Curme, George Oliver (1931) *Syntax*, D. C. Heath, Boston. [Reprinted by Maruzen, Tokyo, 1960]

Den Dikken, Marcel (2004) "Comparative Correlatives Comparatively," *Linguistic Inquiry* 36, 497–532.

Emonds, Joseph (1976) *A Transformational Approach to English Syntax*, Academic Press, New York.

Emonds, Joseph (1979) "Appositive Relatives Have No Properties," *Linguistic Inquiry* 10, 211–243.

Emonds, Joseph (1985) *A Unified Theory of Syntactic Categories*, Foris, Dordrecht.

Ernst, Thomas (1988) "The Scopal Basis of Adverb Licensing," *Proceedings of the North East Linguistic Society* 28, 127–142.

Ernst, Thomas (2002) *The Syntax of Adjuncts*, Cambridge University Press, New York.

Escribano, J. L. Gonzalez (2004) "Head-Final Effects and the Structure of Modification," *Journal of Linguistics* 40, 1–43.

Escribano, J. L. Gonzalez (2005) "'Discontinuous' APs in English," *Linguistics* 43, 563–610.

Farkas, Donka F. and Katalan E. Kiss (2000) "On the Comparative and Absolute Readings of Superlatives," *Natural Language and Linguistic Theory* 18, 417–455.

Fraser, Bruce (1971) "An Analysis of 'Even' in English," *Studies in Linguistic Semantics*, ed. by Charles Fillmore and Terence Langendoen, 150–178, Holt, Rinehart and Winston, New York.

Greenbaum, Sydney (1969) *Studies in English Adverbial Usage*, Longman, London.

Grimshaw, Jane (1987) "Subdeletion," *Linguistic Inquiry* 18, 659–669.

Groos, Ameke and Henk van Riemsdijk (1987) "Matching Effect in Free Relatives: A Parameter of Core Grammar," *Theory of Markedness in Generative Grammar*, ed. by Adriana Belletti, Luciana Brandi, and Luigi Rizzi, 171–216, Scoula Normale Superiore di Piza, Pisa.

Grosu, Alexander (2003) "A Unified Theory of 'Standard' and 'Transparent' Free Relatives," *Natural Language and Linguistic Theory* 21, 247–331.

Grosu, Alexander and Fred Landman (1998) "Strange Relatives of the Third Kind," *Natural Language Semantics* 6, 125–170.

Haegeman, Liliane and Herman Wekker (1984) "The Syntax and Interpretation of Futurate Conditionals in English," *Journal of Linguistics* 20, 45–55.

Heim, Irene (1987) "Where does the Definiteness Restriction Apply? Evidence from the Definiteness of Variables," *The Representation of (In)definiteness*, ed. by Eric Reuland and Alice ter Meulen, 21–42, MIT Press, Cambridge, MA.

Heim, Irene (2000) "Degree Operators and Scope," *Proceedings of SALT X*, CLC Publications, Ithaca, NY.

Heim, Irene and Angelika Kratzer (1998) *Semantics in Generative Grammar*, Blackwell, Oxford.

Higginbotham, James (1985) "On Semantics," *Linguistic Inquiry* 16, 547–593.

Hulsey, Sarah and Uli Sauerland (2006) "Sorting Out Relative Clauses," *Natural Language Semantics* 14, 111–137.

Iatridou, Sabine (1991) *Topics in Conditionals*, Doctoral dissertation, MIT.

Iatridou, Sabine and David Embrik (1994) "Conditional Inversion," *Proceedings of the North East Linguistic Society* 26, 133–147.

今井邦彦・中島平三・外池滋生・福地肇・足立公也 (1989)『一歩進んだ英文法』大修館書店, 東京.

石居康男 (1985) "I have a topic on which to work,"『英語教育』第34巻第5号, 72–74.

Izvorski, Roumyana (2000) "Free Adjunct Free Relatives," *West Coast Conference on Formal Linguistics* 19, 232–245.

Jackendoff, Ray S. (1972) *Semantic Interpretation in Generative Grammar*, MIT Press, Cambridge, MA.

Jackendoff, Ray S. (1977) *$\bar{X}$ Syntax: A Theory of Phrase Structure*, MIT Press, Cambridge, MA.

Kajita, Masaru (1977) "Towards a Dynamic Model of Syntax," *Studies in English Linguistics* 5, 44–66.

Katz, Jerrold J. and Jerry A. Fodor (1963) "The Structure of a Semantic Theory," *Language* 39, 170–210. [Reprinted in Jerry A. Fodor and Jerrold J. Katz (eds), *The Structure of Language: Readings in the philosophy of Language*, Prentice-Hall, Englewood Cliffs, NJ, 1964]

Kayne, Richard (1994) *The Antisymmetry of Syntax*, MIT Press, Cambridge, MA.

Kennedy, Chris (1997) *Projecting the Adjective: The Syntax and Semantics of Gradability and Comparison*, Doctoral dissertation, University of California, Santa Cruse.

Kennedy, Chris (2002) "Comparative Deletion and Optimality in Syntax," *Natural Language and Linguistic Thoery* 20, 553–621.

Kishimoto, Hideki (2000) "Indefinite Pronouns and Overt N-Raising," *Linguistic Inquiry* 31, 557–566.

Kroch, Anthony (1981) "On the Role of Resumptive Pronouns in Amnestying Island Constraint Violations," *Papers from the 17th Regional Meeting of the Chicago Linguistic Society*, 125–135.

Ladusaw, William A. (1979) *Polarity Sensitivity as Inherent Scope Relations*, Doctoral dissertation, University of Texas.

Larson, Richard K. (1985) "Bare-NP Adverbs," *Linguistic Inquiry* 16, 595–621.
Larson, Richard K. (1987) "'Missing Prepositions' and the Analysis of English Free Relative Clauses," *Linguistic Inquiry* 18, 239–266.
Larson, Richard K. and Franc Marušič (2004) "On Indefinite Pronoun Structures with APs: Reply to Kishimoto," *Linguistic Inquiry* 35, 268–287.
Law, Paul (1999) "On Relative Clauses and the DP / PP Adjunction Asymmetry," *The Syntax of Relative Clauses*, ed. by Artemis Alexiadou, Paul Law, Andre Meinunger, and Chris Wilder, 161–200, John Benjamins, Amsterdam.
Levin, Beth and Malka Rappaport Hovav (1986) "The Formation of Adjectival Passives," *Linguistic Inquiry* 17, 623–661.
Levin, Beth and Malka Rappaport Hovav (1995) *Unaccusativity: At the Syntax-Lexical Semantics Interface*, MIT Press, Cambridge, MA.
Matushansky, Ora (2002) *Movement of Degree / Degree of Movement*, Doctoral dissertation, MIT.
McCawley, James D. (1982) "Parentheticals and Discontinuous Constituent Structure," *Linguistic Inquiry* 13, 91–106.
McCawley, James D. (1983) "What's with *With*?" *Language* 59, 271–287.
McCawley, James D. (1988) *The Major Syntactic Phenomena of English*, University of Chicago Press, Chicago.
Nakajima, Heizo (1982) "The V^4 System and the Bounding Category," *Linguistic Analysis* 9, 341–378.
Nakajima, Heizo (1999) "Irregular Though *Though*-Attraction Seems to Be," *Linguistics: In Search of the Human Mind*, ed. by Masatake Muraki and Enoch Iwamoto, 520–539, Kaitakusya, Tokyo.
中島平三編 (2001)『英語構文事典』大修館書店, 東京.
中島平三 (2004)「後置形容詞とフェイズ(上・下)」,『英語青年』第150巻, 494–497, 551–554.
Nakau, Minoru (1971) "The Grammar of the Pseudo-Free Relative Pronoun *What*," *English Linguistics* 6, 2–47.
Nanni, Deborah (1978) *The 'Easy'-Class of Adjectives in English*, Doctoral dissertation, University of Massachusetts, Amherst.

Napoli, Donna Jo (1983) "Comparative Ellipsis: A Phrase Structure Analysis," *Linguistic Inquiry* 14, 675–694.
Neeleman, Ad, Hans van de Koot, and Jenny Doetjes (2004) "Degree Expressions," *The Linguistic Review* 21, 1–66.
Partee, Barbara H. (1975) "Montague Grammar and Transformational Grammar," *Linguistic Inquiry* 6, 203–300.
Pesetsky, David M. (1982) *Path and Categories*, Doctoral dissertation, MIT.
Pesetsky, David M. (1998) "Some Optimality Principles of Sentence Pronunciation," *Is the Best Good Enough?*, ed. by Pilar Barbosa, Danny Fox, Paul Hagstorm, Martha McGinnis, and David Pesetsky, 337–384, MIT Press, Cambridge, MA.
Pustejovsky, James (1995) *The Generative Lexicon*, MIT Press, Cambridge, MA.
Quirk, Randolph, Sidney Greenbaum, Geoffrey Leech, and Jan Svartvik (1985) *A Comprehensive Grammar of the English Language*, Longman, London.
Reuland, Eric (1983) "Governing -*Ing*," *Linguistic Inquiry* 14, 101–136.
Rizzi, Luigi (1990) *Relativised Minimality*, MIT Press, Cambridge, MA.
Ross, John Robert (1970) "On Declarative Sentences," *Readings in English Transformational Grammar*, ed. by Roderick Jacobs and Peter S. Rosenbaum, 222–272, Ginn, Waltham, MA.
Rullman, Hotze (1995) *Maximality in the Semantics of WH-Constructions*, Doctoral dissertation, University of Massachusetts, Amherst.
Rutherford, William E. (1970) "Some Observations Concerning Subordinate Clauses in English," *Language* 46, 97–115.
Sadler, Louisa and Douglas J. Arnold (1994) "Prenominal Adjectives and the Phrasal / Lexical Distinction," *Journal of Linguistics* 30, 187–226.
Safir, Kenneth (1985) *Syntactic Chains*, Cambridge University Press, Cambridge.
Safir, Kenneth (1986) "Relative Clauses in a Theory of Binding and Levels," *Linguistic Inquiry* 17, 663–689.
Sakakibara, Hiroaki (1983) "*With*-Constructions in English," *Studies in English Literature, 1982 English Number*, 79–95.

Sauerland, Uli (1998) *The Meaning of Chains*, Doctoral dissertation, MIT.
Schachter, Paul (1973) "Focus and Relativization," *Language* 49, 19–46.
Sproat, Richard and Chilin Shih (1991) "The Cross-Linguistic Distribution of Adjective Ordering Restrictions," *Interdisciplinary Approaches to Language*, ed. by Carol Georgopoulos and Roberta Ishihara, 545–564, Kluwer Academic, Dordrecht.
Stowell, Tim (1981) *Origins of Phrase Structure*, Doctoral dissertation, MIT.
Stump, Gregory T. (1985) *The Semantic Variability of Absolute Constructions*, Reidel, Dordrecht.
Svenonius, Peter (1994) "The Structural Location of the Attributive Adjective," *Proceedings of the Twelfth West Coast Conference on Formal Linguistics*, ed. by Eric Duncan, Donka Farkas, and Philip Spaelti, 439–454, CSLI, Stanford.
Szabolsci, Anna (1986) "Comparative Superlatives," *MIT Working Papers in Linguistics* 8, 245–266.
Takami, Ken-ichi (1986) "Missing Subject in Adverbial Clauses," *English Linguistics* 3, 213–217.
Valois, Daniel (2006) "Adjectives: Order within DP and Attributive APs," *The Blackwell Companion to Syntax* I, ed. by Martin Evereart and Henk van Riemsdijk, 61–82, Blackwell, Oxford.
Vergnaud, Jean Roger (1974) *French Relative Clauses*, Doctoral dissertation, MIT.
von Fintel, Kai (1994) *Restrictions on Quantifier Domains*, Doctoral dissertation, University of Massachusetts, Amherst.
von Stechow, Arnim (1984) "Comparing Semantic Theories of Comparison," *Journal of Semantics* 3, 1–77.
Williams, Edwin (1975) "Small Clauses in English," *Syntax and Semantics* 4, ed. by John Price Kimball, 249–273, Academic Press, New York.
Williams, Edwin (1980) "Predication," *Linguistic Inquiry* 11, 203–238.
Williams, Edwin (1982) "Another Argument that Passive is Transformational," *Linguistic Inquiry* 14, 287–308.
安井稔編 (1987)『例解 現代英文法事典』大修館書店, 東京.
安井稔・秋山怜・中村捷 (1976)『現代の英文法 7: 形容詞』研究社出版,

東京.

Zubizarreta, Maria-Luiza (1987) *Levels of Representation in the Lexicon and in the Syntax*, Foris, Dordrecht.

索　引

あ行

アスペクト句（Aspectual Phrase: AspP）　106
一次述語　55, 88
一次叙述　4, 33
一致の効果（matching effect）　147
一致の連鎖（agreement chain）　14
イディオム　73, 155–58
意味タイプ　96, 129, 131
意味役割　4, 11–16, 30, 36, 43, 61, 62, 75
意味役割の付与　13, 14, 15
ヴォイス句（VoiceP）　29, 30
受身　13
受身化　61, 78
右方節点繰り上げ（right node raising）　174
演算子（operator）　8, 9, 14, 17
演算子束縛　69

か行

外項（external argument）　12–14, 30, 74, 77
外置　68, 144, 157
下位範疇化　76
格　12, 15
拡大投射原理（Extended Projection Principle: EPP）　14, 33
格付与　33
過去分詞　59, 72
活動（activity）　85
仮定条件節（hypothetical conditional: HC）　163–65
下方含意（downward entailing）　201
含意関係　35

関係節　9
関係節外置（relative clause extraposition）　157, 158
関係節縮約（Relative Clause Reduction）　133
間接疑問文　20
間接目的語　42, 61
慣用化　86
関連性条件節（relevance conditional: RC）　163–65
関連性の条件（aboutness condition）　17
擬似空所化　190
擬似受動文　61, 62
擬似分裂（pseudo-clefting）　63–65, 82
擬似分裂文（pseudo-cleft sentence）　10, 11
擬似命令文　173
基準明示比較（explicit standard comparative）　190
寄生空所（parasitic gap）　198
既知の情報　172
機能範疇　5, 7
規範的コピュラ文（canonical copular sentence）　50, 51
逆コピュラ文　50, 51, 53
強意の形容詞　99
強数量詞　8
共通集合（intersection）　95, 97, 120, 129
局所関係　71
虚辞　15, 16, 43
空演算子　53, 124
空格（null Case）　138

[225]

空所化（gapping） 174, 190
クオリア構造（Qualia structure） 110–12
形式意味論（formal semantics） 95
形容詞 31
形容詞受身（adjectival passive） 79
形容詞句 5, 6, 10, 11, 37, 59, 72, 89
形容詞述語 70
形容詞的修飾語句（adjectival modifier） 93
形容詞的用法の不定詞 137
結果構文 72–74, 76, 77, 81, 84–86, 89
結果述語（resultative predicate） 57, 58, 72–76, 80–84, 86, 88, 89
結果叙述 58
決定詞 6, 7
決定詞句 7
現在分詞 59, 72
限定用法（attributive use） 97
語彙範疇 5, 7
項 9, 15, 18
後位形容詞（post-nominal adjective） 97
後位修飾 106, 133
構成素 38, 39, 41
構成素統御（c-command: c 統御） 144
個体レベル（individual level） 60
個体レベル述語（individual-level predicate） 60, 183
コピー（痕跡） 21, 22, 29, 41, 75
コピュラ文（copular sentence） 10, 45, 48, 51–53, 55, 88
コピー理論（copy theory） 21
痕跡 20
コントローラー 181
コントロール 85

さ　行
再構築 20, 22
再述代名詞（resumptive pronoun） 132, 133
最大化演算子（maximality operator） 153, 200
最大投射 5, 38, 39, 63, 67, 83, 86, 89
最上級 205
左方転移（left-dislocation）構文 169
三次の語句（ternary word） 93
使役交替（causative alternation） 75
時間副詞 85
指示修飾（reference modification） 108
事実・出来事概念（Fact/Event object: FEO） 117
指示物修飾（referent modification） 108
自他交替 75
指定文（specificational sentence） 45, 46, 48, 88
自動詞 74, 75, 78, 80, 84–86, 89
島の条件（island conditions） 132, 195–99
弱交差現象（Weak Crossover） 132
弱交差制約（weak crossover constraint） 197
弱数量詞 8
尺度化（measure out） 86
尺度句（measure phrase） 151, 152, 204
自由関係節（free relative clause） 121, 122, 146
修飾規則（Rule of Modification） 94
修飾語句（modifier） 93
重名詞句移動（heavy NP shift） 47
主格独立構文（absolute nominative） 180
縮約（Contraction） 198
主語コントロール構文 24
主語指向性述語 57, 63, 67, 69, 70, 86

主語指向性の二次述語　64
主語指向性(の)描写述語　58, 65, 66, 68, 70, 71, 89
主語指向(の)副詞　113–15
主語・述語の非対称性　41
主語上昇　11, 13, 16, 24, 50
主語上昇構文　47
主語・助動詞倒置 (subject-auxiliary inversion)　11, 46, 171
主題　13
主張 (assertion)　163, 167
述語句　62
述語認可条件 (Predicate Licensing Condition)　17, 33
述語文 (predicative sentence)　48
述語名詞 (predicate nominal)　31, 49
述部修飾 (predicate modification)　95–96, 129
述部修飾規則　129, 133
述部抽象化規則 (predicate abstraction)　130, 131, 133, 139, 142
受動化　23, 33
受動文　74, 75
主要項 (core argument)　60
主要部　7, 31
主要部外在分析 (external head analysis)　123, 154, 156, 158
主要部末尾フィルター (Head-Final Filter)　99, 100, 102, 103
照応　48
照応関係　14, 16
照応形 (anaphor)　19–22, 40, 48, 68, 69, 154, 155
照応詞　46
照応詞束縛　18
照応束縛　30, 55, 88
照応束縛の議論　19
条件節　159
条件節的等位接続文　175
照合分析 (matching analysis)　123, 154, 156
小辞　28
消失(している)前置詞　136, 137
上昇　85
上昇分析 (promotion analysis)　123, 154, 155, 158, 206
小節 (small clause)　8, 12, 28, 33, 35–39, 41, 43, 44, 47, 49, 51, 55, 57, 70, 83, 84, 86, 88, 149
小節 SC　41
小節内　52
状態描写述語 (stative depictive)　60
焦点　53
焦点部分　53, 54
譲歩節　159
叙実的条件節 (factual conditional: FC)　163–65
叙述 (predication)　3, 49
叙述関係　3, 5
叙述句 (PrP)　29, 30, 32
叙述文 (predicational sentence)　45–47, 88
叙述用法 (predicative use)　97
遂行動詞分析　162
数量詞　22–26, 29, 41, 69
数量詞繰り上げ (Quantifier Raising)　136, 203
数量詞後置 (Q-postposing)　25, 26
数量詞表現　202
数量詞遊離　18, 22–27, 30, 33, 40, 41, 44, 55, 84, 88
ステージレベル (stage-level)　60
ステージレベル(の)述語 (stage-level predicate)　60, 73, 106, 183
制限的関係節 (restrictive relative clause)　121
制限的修飾 (restrictive modification)　107
制限的 because 節　162, 163
生成語彙論 (generative lexicon)　110, 112

節（CP）8, 9
「接続詞＋分詞」構文　162
絶対構文　43, 44, 55
全域的移動（across-the-board movement）175
前位形容詞（pre-nominal adjective）97
前位修飾の形容詞の配置　99
先行詞　9
先行詞内削除（antecedent-contained deletion）136, 137
選択制限　81
前置詞句　6, 37, 59, 72, 89
前提（presupposition）163, 167
相関的転位（correlative dislocation）構文　169, 170, 171
総称的（generic）185
束縛　19–21, 69
束縛関係　46, 48
束縛原理　156, 157
束縛条件　19
束縛代名詞（bound pronoun）144, 156
束縛理論　20, 155
阻止現象（blocking）134
存在構文　43

た　行
タイプシフト　11
代名詞　16
多重主語構文　17
他動詞　75, 77, 80, 84–87, 89
段階的（gradable）な要素　192
知覚処理（perceptual strategy）128
中間構文（middle construction）78, 79
中間構文・形容詞受身・過程名詞化の統語操作　79
直接目的語　61
直接目的語の制限（direct object constraint）75

積み重ね（stacking）124, 128, 145
定形節（clause）8, 9, 52
定性制限（definiteness restriction）152, 153
程度詞（degree: Deg）191
程度詞句 DegP　191
出来事の尺度化　86
転移修飾語（transferred epithet）110
等位構造制約（coordinate structure constrain）175
等位接続　18, 30, 31, 36, 37, 71
等位接続構造制約　132
同一（identity）49
同一文（identity sentence）45
等価構文（equative construction）10
同語反復（tautology）55
動作主　12, 13
等式文（equative sentence）48, 49
動詞句　5, 6, 10, 11, 37, 89
動詞句削除　136, 190
動詞句前置（VP fronting）63, 65, 81
動詞句内主語仮説（VP-internal Subject Hypothesis）12, 18, 22, 23, 27, 29, 40, 63, 139
統率束縛理論（Government and Binding Theory）17
倒置　10, 11, 50
倒置条件節　172
同定の形容詞　99
同定文（identificational sentence）44
同等比較（Comparison of Equality）188, 189
動名詞（gerund）9
透明的自由関係節（transparent free relative）148–50
特性記述形容詞　99
独立分詞構文（absolute participial construction）179

索　引　229

な 行

内項　30, 33, 74, 77, 86, 89
二次述語　18, 36, 59, 62, 63, 70–72, 86, 89
二次叙述　4, 35, 36, 57, 58, 62
二次的語句（secondary word）　93
二重詰め COMP フィルター（Doubly-Filled COMP Filter）　127
二重目的語構文（double object construction）　27–29, 85
二重目的語動詞　42, 61
偽の再帰形（fake reflexive）　76, 77
偽の目的語（fake object）　76, 77
能動文　74

は 行

場所格前置詞句　54
場所格倒置文（locative inversion）　54
発話行為副詞　113, 115
反実仮想　168
反実仮想の仮定法　171
被影響項　73
比較級相関節　207
比較構文　151
比較削除（comparative deletion）　189, 194–96
比較削除構文　196–99, 204
比較省略（comparative ellipsis）　190
比較節（comparative clause）　189
比較部分削除（comparative subdeletion）　189, 194–99
非項移動（A-bar movement）　20
非制限的関係節（non-restrictive relative clause）　121, 122, 142
非制限的な修飾（non-restrictive modification）　107
非制限的副詞節　159
非制限的 because 節　162, 163
非対格動詞（unaccusative verb）　23, 77, 102
左枝条件（left branch condition）　42, 196
否定対極表現（negative polarity item）　201
非能格動詞　74, 77, 78
評価（の）副詞　113–15
描写述語（depictive predicate）　35, 57–64, 67, 70, 71, 83, 86, 88, 89
比例比較級　207
付加詞（adjunct）　62, 63, 66, 83, 89, 93
不完全自動詞　16
複合名詞句制約　125, 132, 195, 196
副詞節の分布　159
副詞的修飾語句（adverbial modifier）　93
不定詞（infinitive）　9
不定詞関係節　137
不定詞節　8, 9
不定の決定詞（indefinite determiner）　7
不定目的語の削除（indefinite object deletion）　80
分詞構文　159, 179
分離動詞句　67, 88
分離動詞句の仮説　29, 32, 33, 37, 55, 62, 66, 70
分離動詞句の構造　30
分類的形容詞　99
分裂文　53, 54
平叙文　3
並置文（parataxis）　209
法的副詞　113–15

ま 行

ミニマリスト・プログラム（Minimalist Program）　104
名詞句　6, 37, 59, 72, 89
名詞述語　39
名詞要素　6
命題（proposition）　4, 8, 9
メタ比較（metacomparative）構文

191
目的語指向性述語　57, 63, 67, 69, 70, 86, 89
目的語指向性(の)描写述語　58, 64, 65, 66, 68, 70, 71, 81, 82

や・ら 行
優勢比較 (Comparison of Superiority)　188, 189
遊離数量詞　26, 29
与格構文　27, 28
理由の副詞節　159
領域の副詞　113, 114
量的関係節 (amount relative clause, degree relative clause)　121, 122, 150, 151
例外的格標示 (Exceptional Case Marking: ECM)　35
例外的格標示構文　42
劣勢比較 (Comparison of Inferiority)　188, 189
連結効果 (connectivity effect)　48
連続的循環移動　29
論理形式　48

A〜Z
AP 分離 (AP Splitting)　101
be 動詞　8, 9, 40, 46–51
「be ＋ 不定詞」構文　141
because 節　162
Burzio の一般化 (Burzio's generalization)　77
c 統御 (c-command)　18, 69, 70
→ 構成素統御
c 統御できない　48
COMP 痕跡現象 (COMP-trace phenomena)　127, 138
COMP 痕跡の効果　198
CP → 節
CP 述語　14
do so の置き換え (do so substitution)　65, 66
DP　9
DP 仮説 (DP Hypothesis)　6
each ... other 構文　69
even if　168, 176
-ing の過程名詞 (process nominal)　79
IP (= TP)　15
Late Merge　194
m 統御 (m-command)　18, 70
Merge　104
no matter ＋ wh 節　177
OM (= one more)　173
+pred　137
±pred　126
PRO　42, 62, 63, 84
PrP → 叙述句
±Q　125
then　166
though 移動 (though movement)　63–65, 81
to 不定詞　34
to 不定詞節　24, 51
to be 削除 (to be deletion)　51
to be 削除規則　51
VoiceP → ヴォイス句
VP 移動　64
VP 削除 (VP deletion)　64, 65
VP シェル (VP-shell)　29
VP 副詞　116
wh 移動　19, 21, 22, 39–42, 51–53, 70, 82, 83, 88, 124
wh 句　20, 40, 42, 52
wh ＋ ever　177
+wh　138
±wh　125
−wh　138
whether A or B　177
with 構文 (with-construction)　179
with の絶対構文　88
θ 規準 (θ-criterion)　17

〈著者紹介〉

原口庄輔（はらぐち　しょうすけ）　1943 年生まれ．明海大学外国語学部教授．

中島平三（なかじま　へいぞう）　1946 年生まれ．学習院大学文学部教授．

中村　捷（なかむら　まさる）　1945 年生まれ．東北大学名誉教授．

河上誓作（かわかみ　せいさく）　1940 年生まれ．大阪大学名誉教授．

岸本秀樹（きしもと　ひでき）　1960 年兵庫県生まれ．神戸大学大学院文化学研究科修了．学術博士．現在，神戸大学大学院人文学研究科教授．著書：『統語構造と文法関係』（くろしお出版，2005）．論文: "*Wh*-in-situ and movement in Sinhala questions" (*Natural Language & Linguistic Theory*, 2005), "On the variability of negative scope in Japanese" (*Journal of Linguistics*, 2008) など．

菊地　朗（きくち　あきら）　1957 年宮城県生まれ．東北大学大学院文学研究科博士前期課程修了．現在，東北大学大学院情報科学研究科准教授．著書：『生成文法の基礎―原理とパラミターのアプローチ』（研究社，共著，1989），『生成文法の新展開―ミニマリスト・プログラム』（研究社，共著，2001）など．

英語学モノグラフシリーズ 5
叙述と修飾

2008 年 10 月 30 日　初版発行

編　者	原口庄輔・中島平三 中村　捷・河上誓作
著　者	岸本秀樹・菊地　朗
発行者	関戸雅男
印刷所	研究社印刷株式会社

KENKYUSHA
〈検印省略〉

発行所　株式会社　研究社
http://www.kenkyusha.co.jp

〒102-8152
東京都千代田区富士見 2-11-3
電話　（編集）03(3288)7711(代)
　　　（営業）03(3288)7777(代)
振替　00150-9-26710

ISBN 978-4-327-25705-7　C3380　Printed in Japan